José Tolentino Mendonça

Pai nosso que estais na terra

O Pai-Nosso aberto para crentes e não crentes

Paulinas

Dados Internacionais de Catalogação na Publicação (CIP)
(Câmara Brasileira do Livro, SP, Brasil)

Mendonça, José Tolentino
   Pai Nosso que estais na terra : o Pai-Nosso aberto a crentes e não crentes / José Tolentino Mendonça. -- São Paulo : Paulinas, 2013. - (Coleção dádivas do infinito)

   ISBN 978-85-356-3460-0

   1. Oração 2. Pai-Nosso - Meditações 3. Vida espiritual I. Título. II. Série.

13-01818   CDD-242.722

Índices para catálogo sistemático:
1. Pai-Nosso : Orações bíblicas : Cristianismo   242.722

1ª edição – 2013
4ª reimpressão – 2024

Título original: *Pai nosso que estais na terra – O Pai-Nosso aberto a crentes e não crentes*
© Fevereiro 2011, Instituto Missionário Filhas de São Paulo – Prior Velho, Portugal

Direção-geral: *Bernadete Boff*
Editora responsável: *Vera Ivanise Bombonatto*
Copidesque: *Cirano Dias Pelin*
Coordenação de revisão: *Marina Mendonça*
Revisão: *Sandra Sinzato*
Gerente de produção: *Felício Calegaro Neto*
Assistente de arte: *Ana Karina Rodrigues Caetano*
Projeto gráfico: *Telma Custódio*
Diagramação: *Jéssica Diniz Souza*

Nenhuma parte desta obra poderá ser reproduzida ou transmitida por qualquer forma e/ou quaisquer meios (eletrônico ou mecânico, incluindo fotocópia e gravação) ou arquivada em qualquer sistema ou banco de dados sem permissão escrita da Editora. Direitos reservados.

Cadastre-se e receba nossas informações
www.paulinas.com.br
Telemarketing e SAC: 0800-7010081

Paulinas
Rua Dona Inácia Uchoa, 62
04110-020 – São Paulo – SP (Brasil)
📞 (11) 2125-3500
✉ editora@paulinas.com.br

© Pia Sociedade Filhas de São Paulo – São Paulo, 2013

"É pela sede que se aprende a água."

EMILY DICKINSON

Apresentação

Com este livro, José Tolentino Mendonça enfrenta um desafio corajoso e difícil: dirigir-se a crentes e a *não crentes* com as palavras do *Pai-Nosso*, a oração cristã por excelência, a que Tertuliano chamava "compêndio do Evangelho inteiro". O autor capta no *Pai-Nosso* uma luz para o humano enquanto tal, um traço para a caminhada do homem enquanto homem, ainda antes das suas crenças e das suas pertenças confessionais.

A ideia que torna possível semelhante propósito é a de que esta oração exprime de tal modo a humanidade do homem que cada ser humano pode encontrar-se representado no *Pai-Nosso*. Nesta vontade de dirigir-se também aos não crentes não há nenhuma cedência ao ar do tempo, mas a madura convicção de que Jesus é "mestre de humanidade", de que o humano é espelho do divino, de que o homem é imagem de Deus e de que tudo o que é humano diz respeito ao próprio Deus. Esta abertura ao outro – e também àquele que não pode, ou não consegue, ou não quer crer – produz um efeito de essencialidade e de simplicidade no olhar do autor, cuja visão da vida e da fé cristã emerge amplamente deste livro. O autor percebe a dimensão universal do *Pai-Nosso*, onde a universalidade tem de confrontar-se com o fato de que cada homem é um filho, de que cada homem tem uma interioridade, de que cada homem é um ser de desejo, de que cada homem precisa de pão e de perdão, de que cada homem luta com o mal, de que cada homem habita aquela terra que, na ótica da encarnação, já não é o lugar que o separa de Deus, mas o único lugar do encontro possível entre o homem e Deus.

Este comentário, que não percorre os caminhos habituais e frequentemente repetitivos de muitos textos exegéticos ou espirituais sobre o *Pai-Nosso*, mostra a sua originalidade antes de tudo na linguagem. Uma linguagem de alta qualidade literária que testemunha também a vocação poética do autor. E a esplêndida frase de Emily Dickinson ("É pela sede que se aprende a água"), elevada a epígrafe, adverte já o leitor sobre o caminho que se abre diante dele. A palavra poética, aquela palavra que, sozinha, consegue sustentar o peso do ser, é a que melhor pode servir de eco às palavras simples e inesgotáveis do *Pai-Nosso*.

Depois, as referências, antes de mais literárias, porque a fé é narração e a literatura, mestra de vida, é transmissão de sabedoria humana através da narração. As referências, que nunca são pesadas ou fechadas em si mesmas, também são filosóficas e psicanalíticas porque o trabalho humano de compreensão do homem faz parte da fadiga que o homem tem de viver debaixo do sol, como recorda Coélet (Eclesiastes). Mas, sobretudo, a referência decisiva e fundante à palavra bíblica. As citações intrabíblicas cruzadas tornam-se uma dança a que o leitor é chamado a participar, passando do Gênesis ao Apocalipse, do Evangelho segundo Lucas ao Evangelho segundo João, de Mateus à Carta aos Hebreus. A familiaridade do exegeta com a Bíblia, assim como a paixão de fé do amante das Escrituras habituado à *lectio divina*, tornam o comentário uma verdadeira sinfonia que harmoniza o dizer de Deus com as palavras humanas e convidam a fazer da vida humana uma experiência vivida poeticamente. Ou, se quisermos, uma dança guiada pelo grande dançador da dança escatológica, Jesus Cristo. Ao comentar a busca do "pão nosso de cada dia", o autor abre as danças com o convite: "Alimentamo-nos uns dos outros. Somos uns para os outros, na escuta e na palavra, no silêncio e no riso, no dom e no afeto, um alimento necessário, pois é de vida (e de vida partilhada) que as nossas vidas se alimentam".

Pessoalmente, o que julgo mais importante no livro de Tolentino, além da sua grande envergadura, do situar-se claramente no espírito do Concílio Vaticano II e da simpatia pelo que é humano, está em entrar plenamente naquilo que considero ser hoje a tarefa a que a Igreja é chamada: ajudar a reconstrução de uma gramática do humano. Perante os tecidos quebrados do social e familiar, do inumano que invade o cotidiano, da prevalência do econômico sobre o educativo, a Igreja, discípula de Cristo "Mestre da humanidade", que apareceu "para ensinar-nos a viver neste mundo" (Tt 2,12), é chamada a participar, juntamente com todos os homens de boa vontade, na reconstrução do sentido das palavras, dos gestos, das relações que tornam bela e agradável de viver a experiência humana. Tornam-na reflexo da beleza saída das mãos do Deus criador. Então, a confiança e o perdão, a espera e a esperança, a fraternidade e o desejo, a beleza e a sede, e todas as outras realidades humanas implicadas no *Pai-Nosso*, tornam-se expressões do homem que procura fazer da sua vida uma obra-prima de santidade. Isto é, procura tornar-se humano à imagem da humanidade de Deus narrada e vivida por Jesus Cristo. Segundo a doutrina patrística da encarnação, Deus viveu em Cristo a experiência do humano a partir de dentro, fazendo acontecer em si a alteridade do homem. Escreve Hipólito de Roma: "Sabemos que o Verbo fez-se homem, da nossa própria massa (homem como nós somos homens!)". Jesus de Nazaré narrou Deus no espaço do humano, deu sentidos humanos a Deus, ao permitir que não só Deus fizesse a experiência do mundo e da alteridade humana, mas também o mundo e o homem fizessem a experiência da alteridade de Deus. A *corporeidade* é o lugar essencial desta narração que torna a humanidade de Jesus de Nazaré sacramento primordial de Deus. A linguagem de Jesus, em particular a sua palavra, e também os sentidos, as emoções, os gestos, os abraços e os olhares, as palavras impregnadas de ternura e as invectivas proféticas, as instruções pacientes e as ásperas censuras aos discípulos, o cansaço e a força, a fraqueza e o pranto, a alegria e a exultação, os silêncios e os retiros em solidão, as suas relações e os seus encontros, a sua liberdade e a sua parrésia, são clarões da humanidade de Jesus que os Evangelhos nos permitem vislumbrar através da fresta reveladora e opaca da escrita. São igualmente reflexos luminosos que permitem que o homem contemple algo da luz divina. A alteridade e a transcendência de Deus foram evangelizadas por Jesus e traduzidas em linguagem e prática humanas, em proximidade doméstica: Deus é o *abbá*, o pai, o papai.

É a prática de humanidade de Jesus que narra Deus e que abre ao homem um caminho para ir até ele. "A Deus jamais alguém o viu. O Filho Unigênito, [...] foi ele quem o deu a conhecer (*exegésato*)" (cf. Jo 1,18): o verbo *exegéomai* contém em si não só o significado de "explicar", "fazer a exegese", "contar", mas também o de "guiar para", "conduzir a". Mas nesta caminhada para o Pai, em que nos tornamos cristãos tornando-nos humanos, é central a oração do *Pai-Nosso*, isto é, a entrada na relação filial com Deus e na fraternidade com Jesus Cristo, e nele, com cada homem. De fato, como recorda o nosso autor, retomando Santo Agostinho, "Jesus quis que chamássemos nosso Pai ao seu próprio Pai".

Enzo Bianchi
Prior do Mosteiro de Bose

Pequeno prólogo

Há um dito de Jacques Prévert – poeta e roteirista francês – que diz: "Pai nosso que estais nos céus; neles permaneça; e nós ficaremos sobre a terra". Onde está Deus? Onde estamos nós?

A ironia é, por vezes, a frágil forma que temos para ocultar esta espécie de lugar nenhum em que a vida se torna, entre fogo e cinza, desamparo e presença, entre o grito e a prece.

Mas acontece também que o impasse devolve não só a medida da distância, mas, misteriosamente, nos revela o imprevisto da proximidade. A terra, esta terra cotidianamente amassada com convulsão e desejo, é o que nos separa ou o que nos avizinha de Deus?

1

O grito
"Quando rezardes,..."

> "Guarda na tua alma um lugar para o hóspede que não esperas."
>
> AMIEL

A primavera está por toda a parte. Em nosso redor a natureza parece vencer a imobilidade do inverno e amontoa os traços insinuantes do seu reflorir. Há uma seiva que revitaliza a paisagem do mundo. Mesmo nos baldios, nos pátios e quintais abandonados, nos jardins mais desprovidos a primavera desponta com uma energia que arrebata. Mas também acontece o renascimento do mundo nos parecer incomparavelmente mais simples que o nosso. Por nossa parte, sentimo-nos soterrados e sem forças. Achamos que já passou demasiado tempo, que em algum momento do percurso nos perdemos e que, talvez, isso seja agora irremediável. Vamo-nos deixando ficar num conformismo tácito, insatisfeitos e adiados, a ponto de desistir. Certamente a voz da renovação não nos deixa indiferentes: ela há de sobressaltar-nos sempre. Mas olhamos para ela com mais nostalgia do que esperança. Contemplamo-la a distância, protegidos por tantas desculpas. Defendemo-nos como podemos, fingindo não perceber. No fundo de nós mesmos, consideramos que a primavera já não é para nós. Mas andamos às voltas, no nosso coração, com aquela pergunta que o Evangelho conserva, e que não nos dá tréguas enquanto não ousarmos responder: "Pode um homem, sendo velho, nascer de novo?" (cf. Jo 3,4).

Atravessamos como estranhos a nossa casa

Penso no conto de Sophia de Mello Breyner Andresen chamado *O silêncio*. A narrativa principia descrevendo aquela paz que nos invade, a nós e às coisas; aquela paz que, em determinados momentos, por ser tão óbvia, damos por adquirida; a paz experimentada como zona de conforto, como hábito, paisagem previsível, rotina. Todas as coisas, dentro e fora de nós, mesmo se pedem empenho, mostram-se sem surpresa, resolvidas e arrumadas. E se acusamos o esforço, sentimos que ele nos devolve também consolação e certeza:

> As suas mãos tinham ficado ásperas, estava cansada de estar de pé e doíam-lhe um pouco as costas. Mas sentia

dentro de si uma grande limpeza como se em vez de estar a lavar a louça estivesse a lavar a sua alma. A luz sem abajur da cozinha fazia brilhar os azulejos brancos. Lá fora, na doce noite de verão, um cipreste ondulava brandamente. [...] E Joana atravessou devagar a sua casa... Um doce silêncio pairava como uma sede estendida... Com as mãos tocando a parede branca, Joana respirou docemente. Era ali o seu reino...

Podemos ter o quadro de vida em que nos movemos, com os seus contornos estáveis, os seus ritmos, os seus espaços demarcados, como um reino inexpugnável, o nosso reino. Sentimo-nos protegidos. Por muito tempo, a visão que temos da nossa vida é a de um território cômodo, sem sobressaltos, sem grandes interrogações ou balanços, de tal modo nos identificamos, nos colamos a essa visão. Mas tarde ou cedo somos desafiados a compreender que essa é uma parte: não é o todo.

O conto de Sophia avança assim: precisamente no instante em que tudo lhe parecia sossegado, ouve-se um grito que ela não sabe bem de onde vem. Primeiro, pensa que tudo se passa na rua, do outro lado de sua casa. E, de fato, parece-lhe distinguir aí uma voz de mulher, "uma voz nua, desgarrada, solitária", uma voz sequestrada que agora se fazia escutar, uma voz antiga, desconhecida, adiada por anos de silêncio. Que seria aquilo? Ela não conseguia explicar. Mas de repente tudo se complexificava. Sentia-se perdendo o pé, trespassada por aquele grito, como se ele se cravasse na sua carne, viesse afinal de dentro dela, viesse afinal de muito longe na vida dela e ela não fosse mais a mesma. Olhava em sua volta e "tudo se tinha tornado acidente absurdo, sem ligação, sem reino. As coisas não eram dela nem eram ela, nem estavam com ela. Tudo se tornara alheio...". E, pela primeira vez, num misto de dor e espanto, "atravessou como estrangeira a sua casa".

Do bom uso das crises

Agora que se banalizou o termo crise, será porventura um risco continuar a usá-lo para descrever a construção do itinerário interior e espiritual, a lenta e contraditória maturação que é sempre a nossa. Contudo, num tempo em que escasseiam os mestres, e parecemos entregues a uma autogestão distraída (quando não a um isolamento devorante), experiências assim "são realmente grandes mestres que têm alguma coisa a ensinar-nos". Atravessar como estrangeiros a nossa vida não é necessariamente mau: permite-nos um olhar a que ainda não havíamos chegado, permite-nos escutar não apenas a vida aparente, mas a insatisfação, a sede de verdade, e passar a assumir uma condição peregrinante. Não nos escutarmos, até o fim, é desperdiçar uma preciosa ocasião para aceder àquela profundidade que pode devolver sentido à existência. Mesmo sabendo que experiências dessas funcionam como um austero mestre para o qual raramente nos consideramos preparados... Talvez precisemos descobrir que, no decurso do nosso caminho, os grandes ciclos de interrogação, a intensificação da procura, os tempos de impasse, as experiências de crise se instalam para que seja evitado o pior. E o que é o pior? Explica-o Jesus de Nazaré: o pior é ter olhado sem ver, ter ouvido sem escutar, ter captado de alguma maneira, mas não ter efetivamente acolhido. O pior é nos reconhecermos na "oportunidade perdida" que o Evangelho lamenta (ainda que a cultura dominante tudo faça para torná-la normalizada e indolor):

"Tocamos flauta para vós, e não dançastes! Entoamos lamentações, e não chorastes!" (cf. Lc 7,32).

Não são as privações, as contrariedades e os combates que nos podem roubar o sabor apaixonado da vida. Precisamos alargar ou deslocar a perspectiva. Recordo as linhas escritas por Etty Hillesum em um campo de concentração:

> Meu Deus, esta época é demasiado dura para gente frágil como eu. Mas sei igualmente que, a seguir a este, outro tempo virá. Gostava tanto de continuar a viver para transmitir nessa nova época da história toda a humanidade que guardo dentro de mim, apesar de tudo aquilo com que convivo diariamente. Essa é também a única coisa que podemos fazer para preparar a nova estação: prepará-la já dentro de nós. E num certo sentido experimento já leveza por dentro, absolutamente sem nenhuma amargura, e sinto enormes forças de amor em mim. Gostava tanto de continuar a viver para ajudar a preparar o novo tempo que há de vir de certeza – não o sinto eu já crescer em mim todos os dias?

Uma iniciação à vida espiritual

Uma das frases mais enigmáticas e, ao mesmo tempo, mais iluminantes do Evangelho é a proferida por João Batista, ao ver passar Jesus. Dirigindo-se aos seus discípulos, o Batista afirma: "No meio de vós está o que não conheceis" (cf. Jo 1,26). Penso que essa frase pode ser repetida assim: no meio de nós próprios; no centro misterioso da nossa relação com Deus, com o mundo e os outros; no âmago da gestão, mais fluida ou mais atribulada, que fazemos da existência, está o que não conhecemos. Porventura, naquele núcleo de verdade mais funda, mais solitária e pessoal, existe uma presença, um tesouro, uma fonte que continua por descobrir, um trabalho de relação, espiritual e de vida, ainda por encetar... A escritora Christiane Singer relata uma explicação curiosa que um amigo antropólogo lhe disse haver escutado de um aborígene: "Não, senhor, nós não temos crises, nós temos iniciações". A dimensão da iniciação é fundamental na liturgia e na sacramentária cristã. Mas há um caminho a percorrer quanto à ativação desse horizonte vital no cotidiano. Fazem-nos falta as dimensões de iniciação na vida corrente, no fio ordinário dos nossos encontros e desencontros, dos nossos vislumbres e dos nossos fracassos. Os dias não são apenas uma atropelada cavalgada que nos atordoa. Precisamos de um fio condutor, precisamos de trilhos para o significado.

A sabedoria de se colocar à espera de nada

Conta-se que um discípulo procurou o mestre para receber a primeira lição. E, como era o primeiro encontro entre os dois, o mestre convidou-o cordialmente para tomar chá. O discípulo levantou a sua xícara para receber do bule servido pelo mestre. Só que o mestre foi deitando, deitando até derramar e, mesmo assim, continuou... O pobre discípulo, vencendo a sua timidez, diz-lhe: "Mestre, mestre, olhe que se derrama!". Ao que o mestre retorquiu: "Esta é a primeira lição. Se não manténs a tua taça disponível, será desperdício tudo o que vais receber".

Que a nossa experiência espiritual não se compare a um atulhar-se de coisas e de ideias, de programas... Não tenhamos pressa em encher a taça. Ela é mais preciosa vazia. O fundamental é voltar a ser simplesmente. Não há receitas para a experiência de Deus. Cada encontro é único. O importante é que nos sintamos verdadeiramente sujeitos desta história de amor que o Senhor quer viver convosco. Ele sabe refazer aquilo que se gasta, reencontrar aquilo que se perde, reavivar a chama que se extingue... O Senhor sabe pacientemente refazer as Alianças.

Uma das formas mais fecundas de encarar o caminho interior está naquele conselho que dão alguns monges: "Escolhe o teu lugar no meio da floresta e todos os dias retira-te para lá. E reza apenas isto: "Senhor, estou aqui à espera de nada", "Senhor, estou aqui à espera de nada".

Uma arte da escuta

A dada altura, aceitamos melhor que a vida tem camadas geológicas como a terra, que a vida se expande por tempos de formação ocultos à superfície, e que em todas as existências há uma crosta terrestre e metros e metros de filamentos, mergulhados no silêncio. Ao contrário dos juízos apressadamente rasos, nos quais todos caímos, é preciso dizer que os instrumentos que temos para chegar ao coração uns dos outros, e ao nosso próprio coração, são inquietantemente limitados. A escuta talvez seja o sentido de verificação mais adequado para acolher a complexidade que uma vida é. Contudo, escutamo-nos tão pouco. Na Regra de São Bento há uma expressão que ativa uma escuta autêntica: "abre o ouvido do teu coração". Quer dizer: a escuta não se faz apenas com o ouvido exterior, não é apenas a recolha do discurso verbal. Antes de tudo é atitude, é inclinar-se para, é confiar a nossa atenção, a disponibilidade para acolher. Escutarmos e podermos ser escutados, até o fundo e até o fim, abre, no Espírito, horizontes mais amplos do que aqueles que sozinhos conseguiríamos avistar e relança-nos no caminho da esperança.

Um dos textos mais impressionantes sobre a necessidade inapagável da escuta é o conto *Tristeza*, de Tchékov. A história de um cocheiro, Iona, que perdeu um filho e não encontra, entre os humanos, ninguém disponível para o amparar. "Precisa contar como o filho adoeceu, como padeceu, o que disse antes de morrer e como morreu... Precisa descrever o enterro e a ida ao hospital, para buscar a roupa do defunto. Na aldeia, ficou a filha Aníssia... Precisa falar sobre ela também...", mas ninguém o ouve. O cocheiro volta-se, então, para o seu cavalo e enquanto lhe dá aveia começa a expor-lhe, num dorido monólogo, tudo o que viveu. E as últimas palavras do conto são estas: "O cavalo foi mastigando, enquanto parecia escutar, pois soprava na mão do seu dono... Então Iona, o cocheiro, animou-se e contou-lhe tudo".

E nós, a quem nos vamos contar?

2

Deus está em Paris?
"... rezai assim: ..."

Não sei quem nos ensinou a rezar, e como lidamos hoje com a oração. O mais provável é que tenhamos práticas diferentes. Para alguns de nós, ela confunde-se, talvez, com as primeiras memórias da infância. Aprendemos a rezar embalados por esse mundo primordial, em torno das figuras referenciais dos pais ou de uma avó, com os seus ritmos, os seus cheiros, o desenho doce das conversas sem princípio nem fim... Outros, porventura, chegamos à oração sozinhos, já vida fora, um bocado na contramão, cortando até com uma tradição familiar. Rezamos desde que nos conhecemos ou começamos há pouco.

A oração pontua o fazer do nosso cotidiano, como uma espécie de respiração ondulante e viva. Ou não temos grande contato com a oração, nem entendemos ainda bem a sua necessidade, para lá de algumas situações esporádicas, cujo alcance só vagamente entrevemos.

O poeta Rainer Maria Rilke ajuda-nos na procura de um sentido. Diz ele: "As coisas estão longe de ser todas tão tangíveis e dizíveis quanto se nos pretenderia fazer crer; a maior parte dos acontecimentos é inexprimível e ocorre num espaço em que nenhuma palavra nunca pisou". A biografia da nossa oração tem um desenho assim. Mantém o seu quê de inexprimível. Mesmo se explicitada, continua um filamento secreto, uma história em aberto. Quem reza percebe melhor do que ninguém as dúvidas, as dificuldades, os hiatos que podem rodear o caminho da oração, pois esta é uma aprendizagem nunca terminada.

Rezamos porque somos uma oração

A chave é a palavra "relação". Para compreender a natureza da oração, antes mesmo de perscrutar o patrimônio específico do quadro religioso, é preciso aproximar-se da estrutura antropológica que nos constrói a todos. O segredo é este: nós somos uma oração. Na nossa raiz, no fundo daquilo que, em nós, é ser e linguagem, está uma experiência fundamental que nos afasta absolutamente da solidão ou da autossuficiência: nenhum de nós é origem de si (como dizia a escolástica, o homem não é *ens causa sui*). Não somos obra nossa, nem no começo nem agora, nem naquilo que virá. Provimos de um horizonte e de circunstâncias que nos transcendem. É verdade que temos sempre a possibilidade de plasmar singularmente o que recebemos do Outro, mas a nossa interioridade, a nossa própria intimidade, a nossa travessia organiza-se sempre num criativo e necessário encontro do "eu" com o "tu".

Basta pensar naquilo que se passa com a linguagem. Dão-se hoje, praticamente como adquiridas, duas teorias sobre a origem da linguagem: uma que podemos designar "comunicativa" (aí se defende que falamos para fazer circular os nossos pensamentos de uma cabeça para outra) e outra chamada "cognitiva" (que sustenta que falamos para articular de forma mais orgânica os nossos próprios pensamentos). Ambas as teses consideram a linguagem como realidade mental, isto é, um dado que tem mais a ver com o pensamento do que com o corpo, mais com o trânsito de raciocínios do que com a troca de emoções. Mas há um ensaio da antropóloga Dean Falk, *Língua mãe. Cuidados maternos e origens da linguagem*, em que ela propõe que cada um de nós, pelo contrário, começa a utilizar os sons linguísticos não propriamente para comunicar ou pensar, mas para permanecer em contacto com aquelas e aqueles que tomam conta de nós. As palavras são a verbalização do desejo que sentimos do outro em nós. No fundo, o que quer que digamos dizemo-lo para avizinhar ou reter o outro perto de nós, para retardar ou desmentir a sua ausência, para dizer quanto ele é para nós. A linguagem humana é, por isso, uma consequência espantosa da necessidade de relação. E o que é a oração senão isto mesmo: *a construção inacabada e frágil que a vida faz da relação?* Na oração, Deus passa da terceira para a segunda pessoa: deixa de ser um "ele" ou um "esse" para apresentar-se a nós como um "tu". Deixa de ser indefinido e adquire a possibilidade, a proximidade de um *rosto*. A oração é uma língua mãe.

A originalidade de Jesus de Nazaré

No tempo de Jesus coexistiam diversas correntes dentro do Judaísmo ou vários judaísmos, como hoje se prefere dizer. Ouvimos, por exemplo, falar dos fariseus, dos saduceus, dos essênios, do grupo de João Batista... A expressão da identidade de cada um desses movimentos passava pela oração. Esta vinculava, espiritual e sociologicamente, os membros de cada grupo, servindo para assinalar pertenças, aproximar e distinguir. Mesmo as orações comuns a todos podiam dar espaço a formas e intensidades diferenciadoras. Também o Evangelho conta que há um dia em que Jesus está rezando e um discípulo se aproxima dele e diz: "Mestre, ensina-nos a rezar, como João Batista também ensinou aos que eram dele" (cf. Lc 11,1).

Não sabemos o que seria ver Jesus rezar!... Aquilo que os discípulos puderam testemunhar devia constituir um espetáculo extraordinário de intimidade e confiança... e, compreensivelmente, pediram para ser iniciados naquela experiência. Mas essa iniciativa ocorreu quando a caminhada de discipulado passara já a ser um acontecimento central claro, diferente de tudo o que conheciam. Jesus colocava-os num limiar inédito e tinha de haver uma oração capaz de expressar isso. Por detrás desse brevíssimo pedido, "Mestre, ensina-nos a rezar", esconde-se, portanto, um período longo de crescimento e descoberta.

Não é propriamente novo o pedido que os discípulos fazem. A novidade, a bem dizer, está do lado de Jesus.

> Rezai, pois, assim: "Pai nosso que estás nos céus, santificado seja o teu Nome, venha o teu Reino; faça-se a tua vontade, como no Céu, assim também na Terra. Dá-nos hoje o nosso pão de cada dia; perdoa as nossas ofensas,

como nós perdoamos a quem nos tem ofendido; e não nos deixes cair em tentação, mas livra-nos do Mal" (cf. Mt 6,9-13).

A economia dessa prece, recorda Tertuliano na transição do segundo para o terceiro século, "contém um grande e luminoso significado, e tanto mais ela parece restrita nas palavras, mais se dilata nos corações".

O que é um pai?

Para entender a oração do *Pai-Nosso* (e atrever-me-ia a dizer, toda a oração cristã), é necessário buscar o significado desse "Pai" a quem nos dirigimos. O que é um pai? O meu pai está fora e dentro de mim. É uma pessoa de carne e osso, que possui uma história, um estilo, um temperamento, que manteve comigo uma série de trocas fundamentais... Mas o pai também está dentro, no interior de cada um. É aquilo que se chama de *imago*. Uma espécie de representação psíquica, que nos oferece um modelo para cimentar a arquitetura interior. Na verdade, para crescermos, para ganharmos a indispensável confiança, tivemos todos a necessidade de ter o nosso pai dentro de nós, não apenas fora. E incorporamo-lo. Em seguida, projetamo-nos nele, quisemos imitá-lo, ser como ele, chegar à sua altura que já nos pareceu incalculável, à sua força e capacidades que já tomamos por absolutas e protetoras.

A gramática do viver, na sua singularidade, solicita-nos uma qualquer forma de incorporação da mãe e do pai. A figura deles não só está diante dos nossos olhos, mas ganha existência interna. Essa "gestação" permite que a criança se estruture interiormente e avance nessa que será a arte de uma vida, a confiança. Num dos seus livros, o psicanalista João dos Santos conta uma história interessante. Os pequenos da "Casa da Praia", uma instituição por ele fundada, foram convocados para uma brincadeira: tomar de assalto um castelo. As professoras combinaram tudo e a turma iria tomar de assalto a fortaleza, em pleno dia, com espadas e elmos de cartolina. Um jogo mais ou menos semelhante a tantos que fizemos. Mas, no momento de começar a peleja, há um menino de quatro anos que se recusa a participar. E quando instado a que se encoraje, põe-se a choramingar, dizendo: "Tenho medo, não tenho força, não consigo lutar, o meu pai está em Paris". Os pais dos outros pequenos também não estavam ali presentes e seria, por isso, indiferente a localização daquele pai específico. Mas o que o menino quis expressar é de outra dimensão. Na realidade, debatia-se com o seguinte:

> [...] ainda não tenho o meu pai suficientemente forte dentro de mim, como imagem, para poder lutar sem ele a meu lado. O meu pai está longe, e sou, por consequência, um ser mais frágil do que os outros, não me sinto capaz de enfrentar o risco... Seria necessário que essa presença estivesse suficientemente estável e irradiante dentro de mim.

Lembram-se de quando crianças e nos envergonharmos de olhar para os estranhos? Sem o pai ou a mãe por perto não dávamos passo, tínhamos de andar agarrados a eles, alimentávamo-nos da sua proximidade. É um bocado paradoxal, mas é assim: só começamos a ganhar autonomia em relação aos pais quando eles começaram a estar, de forma segura, dentro de nós. Era isso que faltava ao menino da história anterior. A ausência do pai dentro de si como que o paralisava.

Se quisermos conhecer um homem ou uma mulher teremos de procurar aquele para quem a sua vida está secretamente voltada. Aquele a quem, de preferência a qualquer outro, ele(ela) fala, ele(ela) continua a falar mesmo quando aparentemente se dirige a outros. Tudo depende desse que ele escolheu para si como pai. Tudo depende daquele a quem se comunica em silêncio, para cuja consideração acumulou fatos e provas, por amor de quem fez praticamente da sua vida o que ela é. Para a maioria das pessoas nunca terá havido senão um único interlocutor: o pai ou a mãe. Figuras soberanas pela presença ou ausência, libertando ou esmagando a vida com todo o peso do que elas não souberam ser ou dar. "Olha o que eu faço! – É para ti, é para obter o teu amor, é para que finalmente voltes os olhos na minha direção, para que me dês com a plena luz dos teus olhos a certeza, a confirmação de que mereço existir."

Muitos de nós estamos submetidos a uma sombra, reclusos no jardim do seu pai, no quarto da sua mãe, prosseguindo até o ocaso da vida as súplicas a um ausente. E a razão secreta do que perseguimos, mesmo parecendo muito resolvidos e livres, é ainda um confronto, um ajuste de contas, ou, então, um desejo irreprimível de agradar. Quantos, sobretudo em casos mais extremos, cometem violências injustificadas porque, no fundo, não se sentiram suficientemente amados pelo pai e pela mãe? A violência é um grito. Deve ser lida como um bizarro pedido de amor: "Amem-me, redimam o meu passado!" Mas também, na nossa vida comum e (mais) pacificada, não é raro acontecer que esse seja ainda um ponto secreto de dor.

A questão do pai, enquanto modelo interno, é, para dizê-lo rápido, a questão da consistência da nossa vida interior. Porque nós vamos sempre arranjando vários "pais".

Somamos formas de defesa da sua ausência, que são amplamente sintomáticas. Por exemplo, quando estamos distantes do nosso mundo habitual, no exterior da nossa zona de conforto..., pomo-nos a olhar para a multidão de estranhos e, de repente, parece que conhecemos alguém. Surge-nos alguém que evoca fisicamente algum dos nossos familiares, um primo distante, um amigo, um vizinho. Claro que as semelhanças existem, mas damos mais por elas (ou forjamo-las mais) quando precisamos, quando o contexto nos deixa algo inseguros e carentes de âncoras afetivas. Precisamos dessas parecenças para obter um certo grau de apaziguamento. A verdade é que andamos sempre em busca de alguém. Andamos sempre à procura de um "pai".

Há pessoas que se julgam já viver numa independência do "pai interior", e afinal não. Todos conhecemos pessoas que são capazes de ir sozinhas, sem qualquer receio, ao Polo Norte ou à Cochinchina, mas depois nunca conseguem estar sozinhas, um segundo que seja, diante da sua vida interior. Os objetos interiores não estão sedimentados. Atravessa-as uma insatisfação que se reflete, por vezes, numa inclinação extraordinária para consumir, comprar, andar de um lado para o outro, falar de modo "imparável", encher-se de compromissos que se sobrepõem... A ânsia de consumo (de bens, de experiências, de sentimentos), pode bem ser uma necessidade de um "pai". A razão mais profunda é a incapacidade de realizar aquilo que recomenda Jesus: "Tu, porém, quando orares, entra no quarto mais secreto e, fechada a porta, reza em segredo a teu Pai" (cf. Mt 6,6).

Às vezes constatamos, com melancolia, que mesmo os centros de peregrinação depressa se tornam grotescamente em ilhas rodeadas por um comércio devorador. Olhemos para Fátima, Lourdes ou Jerusalém. É mais fácil ficar por uma emoção superficial e depois matar o vazio, colmatar o desencontro, atenuar o fato de não ter encontrado Deus efetivamente como Pai. É da ansiedade gerada pela ausência que se alimenta a vertigem consumista... Por quê? Andamos todos às voltas com o "pai", à procura de um "pai"..., e temos de ter consciência disso. Se não tivermos a humildade e a verdade de trilhar um caminho consciente, multiplicar-se-ão sub-repticiamente as vias alternativas.

No itinerário espiritual de Francisco de Assis foi muito importante o momento em que, para afirmar a sua vocação perante as resistências familiares, ele despiu as suas roupas diante do pai (as roupas que pertenciam ao pai, as roupas que eram o pai). Com esse gesto, Francisco "despiu-se" daquele pai e da sua intransigência. Ao se despir diz, mesmo sem palavras: "Eu quero, eu preciso de outro 'Pai'; não quero depender unicamente do pai da minha infância; respeito o meu pai, mas não posso desistir de convergir para Deus". De fato, o encontro de Deus como Pai não se faz sem tocarmos (e aceitarmos) a nossa nudez, o esvaziamento dos modelos que fomos acumulando ao longo do tempo, para que Deus se torne, finalmente, a fonte interior que irriga a vida.

A dada altura torna-se claríssimo que para rezar o *Pai-Nosso* temos de acolher Deus não apenas pontualmente, mas como modelo interior, imagem permanente, presença com a qual estamos em contínuo diálogo. Tornar-se "imagem e semelhança de Deus" é ter em Deus a nossa ossatura interior, a nossa raiz, o inequívoco fundamento. Quantas vezes não dizemos como o menino de quatro anos: "Não consigo, não sei, não posso, Deus está em Paris!".

Tomar a sério o *Pai-Nosso*

Simone Weil escreveu que não se pode conceber uma oração que não esteja já contida no *Pai-Nosso*: este "está para a oração como Cristo para a humanidade". E mais: "É impossível pronunciá-lo uma vez que seja, trazendo a cada palavra a plenitude da atenção, sem que uma mudança talvez infinitesimal, mas real, se opere". Só atingimos o "Pai nosso" quando nos sentimos atingidos, transtornados, revolvidos, renascidos por ele. Quando percebemos, de um modo existencial, que antes de Jesus era uma coisa e com Jesus é outra completamente diferente. É preciso passar de uma espiritualidade exterior, demasiado dependente do enquadramento sociológico e das suas práticas, para uma outra mais interior, que nos permite descobrir que Deus é Pai, é meu Pai, é o "Pai nosso".

Quando é que Jesus ensina o *Pai-Nosso* aos discípulos? Quando eles estão capazes de perceber Jesus como um acontecimento absolutamente novo. A oração é consequência, mais do que causa. É expressão da vivência, mais do que uma descoberta. O *Pai-Nosso* nasce de uma caminhada. E é no culminar de uma etapa de maturação que o *Pai-Nosso* é revelado. Nós também havemos de rezar o *Pai-Nosso*, com verdade, quando percebermos, não apenas na linha da história e da sua espuma, mas no mais fundo de nós próprios, que Jesus Cristo traz a novidade de Deus. Talvez tenhamos, para isso, como recomendava Fernando Pessoa, de "aprender a desaprender". Desaprender os labirintos, as teias todas, os modelos que nos sufocam e apenas servem para nos fazer adiar o necessário encontro com nós próprios. Jesus faz-nos aceder a um limiar novo de Deus e da nossa humanidade. Foi exatamente por pressentir isso que um discípulo pediu a Jesus: "Senhor, ensina-nos a rezar".

3

A evaporação do Pai
"Pai..."

O que resta do Pai?" O psicanalista italiano Massimo Recalcati pergunta e responde: resta muito pouco. Para classificar os tempos que correm, ele recupera uma expressão de Jacques Lacan: "a evaporação do pai". De fato, a nossa cultura tem praticado, talvez com razões, mas certamente sem razão, uma demolição sistemática da figura do pai. O pai deixou de ser uma marca de valor para avaliarmos o sentido, um referencial para delinearmos a fronteira do bem e do mal, da vida e da morte. Vivemos, muito mais, uma suspeita permanente em relação ao que o pai representa, ou, então, mergulhados num luto obsidiante.

A generalizada orfandade simbólica conduz, por exemplo, a que se tome a incerteza como condição da felicidade. E só reconheçamos validade à incerteza.

A figura do pai precisa ser recuperada. Isso passa por se ultrapassar a oposição estabelecida entre Lei e Desejo, como se estes fossem polos contrapostos, inconciliáveis. No princípio estaria a descoberta do desejo em nós, mesmo num período muito precoce da própria infância, expresso como uma expectativa de perpetuação da situação pré-natal, em que éramos uma coisa só, como que fundida, no objeto amado (no caso, o corpo da nossa mãe). O pai é aquele que se introduz como um terceiro, como um estranho com a função simbólica de nos retirar dessa "colagem" indefinida ao corpo materno, mostrando-nos um amor difícil, mas real, feito de identidades diferenciadas, de limites e autonomia. A recuperação do pai implica, porém, que aceitemos que a Lei não é uma ameaça, mas uma condição do próprio desejo e do desejo autêntico. A separação fundadora que o pai simbolicamente estabelece gera a falta, mas é a falta que permite desejar, que nos permite ser.

Também no campo da espiritualidade assiste-se hoje a uma "evaporação do pai". A apetência pela espiritualidade que difusamente marca isso a que se chama "o regresso do religioso" corre o risco de ser uma espécie de deriva emocional, a procura de uma zona de conforto que dá tudo e verdadeiramente não pede nada, uma diluição da consciência numa qualquer experiência fusional, tanto mais grata quanto menos responsabilizadora do sujeito. Não há experiência cristã sem descoberta do Pai. Escreve São Paulo: "Vós não recebestes um Espírito que vos escravize e volte a encher-vos de medo; mas recebestes um Espírito que faz de vós filhos adotivos. É por ele que clamamos: *Abbá*, ó Pai!

Esse mesmo Espírito dá testemunho ao nosso espírito de que somos filhos de Deus" (cf. Rm 8,15-16).

Purificar as imagens de pai

Mas não basta reabilitar simbolicamente a paternidade. Se quisermos acompanhar a mudança que Jesus propõe no conhecimento de Deus, temos também de ousar purificar criticamente determinadas imagens paternas. Muitas vezes a nossa dificuldade em relação a Deus brota dos equívocos que a ressonância da figura paterna desperta ainda em nós. Por exemplo, um dos clássicos da literatura europeia é a *Carta ao pai*, de Franz Kafka. É um libelo que espelha o dilacerante processo interior em que Kafka viveu. Cresceu à sombra do pai, mas transportando este nó terrível: por mais que fizesse, jamais corresponderia às suas exigências. O início da carta diz bem o drama que isto provoca:

> Querido pai, perguntaste-me recentemente porque afirmo ter medo de ti. Eu não soube, como de costume, o que te responder, em parte justamente pelo medo que tenho de ti, em parte porque existem tantos detalhes a justificar esse medo, que eu não poderia reuni-los todos no momento de falar... E se procuro responder-te aqui por escrito, não deixará de ser ainda de modo incompleto, porque, mesmo no ato de escrever, o medo e as suas consequências deixam-me atrapalhado diante de ti.

Ora, não é raro encontrar, mesmo em cristãos, a representação de um deus muito parecido ao inalcançável e insatisfeito pai de Kafka. Parece que, por mais que façamos ou nos esforcemos, nunca conseguimos o olhar benévolo de Deus. Tudo de nós lhe é insuficiente, imperfeito, pouco digno de nota. O anúncio cristão não é o de um deus assim, que distribui com intransigente parcimônia o seu amor. Mas é o de um Deus rico em misericórdia. Diz a Primeira Carta de João: "É nisto que está o amor: não fomos nós que amamos a Deus, mas foi ele mesmo que nos amou" (cf. 1Jo 4,10).

Outras imagens paternas são demasiado condicionadas pelos estereótipos da cultura envolvente e redundam em distanciamento e secura. O escritor Antõnio Alçada Batista conta esta história exemplar, na primeira pessoa:

> Uma vez eu fui operado e estava só no hospital com meu pai. Tinha uma dor pegada, das unhas dos pés às pontas dos cabelos, e meu pai estava ao pé de mim. Eu tinha já 19 anos, mas apeteceu-me a sua mão humana e paterna e disse-lhe:
>
> — Deixe-me ver a sua mão.
>
> — Para quê?
>
> — Preciso da sua mão. Ele sorriu-se e deu-ma, mas imediatamente começaram a funcionar dentro de si as pesadas estruturas marialvas e acadêmicas que recusam a um filho de dezenove anos a mão terna de um pai. E, disfarçadamente, começou a retirar a sua mão até que a minha continuou pedinte, mas só e unilateral.

"Preciso da tua mão." O conhecimento de Deus como pai só pode ser um conhecimento vivido, profundamente experimental, qualquer coisa de sensível que nos faz participar de qualquer coisa de absoluto. Recordo-me da oração que uma personagem de um romance de Clarice Lispector faz, de joelhos, ao pé da cama: "[...] alivia a minha alma, faz com que eu sinta que tua mão está dada à minha..., faz com que eu tenha caridade por mim mesma, pois senão não poderei sentir que Deus me ama... Amém". O próprio Evangelho de Jesus desautoriza-nos a persistir em fórmulas abstratas e intelectualizadas. Como garante o autor da Carta aos Hebreus, "Deus não se envergonha de ser chamado o 'seu [o nosso] Deus'" (cf. Hb 11,16). Mas temos de nos perder de determinadas imagens para estarmos com o Pai.

Perder-se e encontrar-se

Há um texto no Evangelho de São Lucas que, aparentemente, narra apenas um incidente familiar na infância de Jesus, mas que, a esta luz, é bem mais do que isso. Vejamos o episódio:

> Os pais de Jesus iam todos os anos a Jerusalém, pela festa da Páscoa. Quando ele chegou aos doze anos, subiram até lá, segundo o costume da festa. Terminados esses dias, regressaram a casa e o menino ficou em Jerusalém, sem que os pais o soubessem. Pensando que ele se encontrava na caravana, fizeram um dia de viagem e começaram a procurá-lo entre os parentes e conhecidos. Não o tendo encontrado, voltaram a Jerusalém, à sua procura. Três dias depois, encontraram-no no templo, sentado entre os doutores, a ouvi-los e a fazer-lhes perguntas. Todos quantos o ouviam estavam estupefatos com a sua inteligência e as suas respostas. Ao vê-lo, ficaram assombrados, e sua mãe disse-lhe: "Filho, porque nos fizeste isto? Olha que teu pai

e eu andávamos aflitos à tua procura!". Ele respondeu-lhes: "Por que me procuráveis? Não sabíeis que devia estar em casa de meu Pai?". Mas eles não compreenderam as palavras que lhes disse (cf. Lc 2,41-50).

O que nos conta o Evangelho não é a história de uma criança que se perde no meio de uma festa. Se bem que, quando as crianças se começam a perder (ou a querer perder-se), isso já sinaliza alguma coisa sobre o seu processo de autonomização. Mas esse relato remete-nos para a nossa conversa anterior, de que, para amarmos a Deus, para percebermos a presença de Deus em nós, temos de deixar que Deus nos invada, nos impregne, até tornar-se a nossa ossatura interior. Deixar que Deus seja o modelo da nossa vida. É, no fundo, isso que vai acontecer com Jesus.

Quando ele tem doze anos... Os doze anos de idade marcam, no Judaísmo, o momento em que o rapaz chega ao fim da infância e começa a ser tratado como um membro efetivo do Povo. Jesus sente que inicia um ciclo novo: é como que invadido pela imagem de Deus. É curioso que, passado este episódio, ele não fique no Templo. Volta com os seus pais, e São Lucas diz: "[...] era-lhes submisso". A substituição dos modelos interiores, o passar do "meu pai" para o "Pai nosso", não quer dizer que se deixe de considerar os nossos pais, dedicando-lhes o amor que lhes devemos... Não tem a ver com isso. Liga-se, sim, à compreensão de que a nossa arquitetura interior tem em Deus a grande referência. Tal mudança é fundamental para percebermos o significado da oração que Jesus nos ensina.

Podemos ter tido experiências familiares negativas ou extraordinariamente positivas. Podemos ter padecido dificuldades ou ter recebido só alegrias. Isso não conta muito, porque quem fez uma experiência ou outra é igualmente chamado a deixar pai e mãe para descobrir este Deus que é Pai, e descobri-lo no fundo de si mesmo.

Deixar pai e mãe não é apenas deixar simbolicamente a família humana que nos gerou. É deixar todo o contexto social e cultural que também acabou por nos edificar. Porque não somos fruto apenas de duas pessoas: somos consequência de tanta coisa. Somos resultado daquilo que os outros pensam de nós, da maneira como nos olham ou nos sentimos olhados, daquilo que os outros esperam, daquilo que ouvimos dizer que é bom... Somos resultado dos desejos que interiorizamos, do que achamos ser o melhor, ou que nos vai trazer mais oportunidades... Somos resultado de uma extensa soma de fatores que não deixam nunca de estar à nossa volta... Mas há um momento em que é preciso dizer: eu não quero apenas ser fruto do meu pai (significando "o meu pai" tudo isso que refletimos). Eu agora quero ser gerado pelo "Pai Nosso" que Jesus me ensina a rezar.

Portas que estavam fechadas

Quem teve a sorte de passar por um dos livros do americano J. D. Salinger, com muita probabilidade tropeçou já na família Glass, uma família de Nova York, com origens irlandesa e judaica, à qual Franny pertence como a mais nova de sete irmãos. Na novela *Franny e Zooey*, ela tem vinte anos, está na universidade, tem um namoro superficial, colabora supostamente com um grupo de teatro, transborda de atividades..., mas, de um modo crescente, vai se sentindo deslocada, sem lugar naquele mundo, em face do qual se assume inconformista, mas também confusa, solitária, acossada. À sua volta assiste a uma dança de fantasmas que a desgosta: a dança "do ego, do ego, do ego. Do meu e dos outros". A falta de autenticidade, com que até aí conviveu com neutralidade, começa agora a tirar-lhe o ar. Não suporta a ligeireza e a hipocrisia fátuas, que tão depressa são uma coisa, como logo se desfazem. O conhecimento acadêmico que vai adquirindo não lhe basta. Como diz, a dada altura: "Por vezes, penso que o saber... quando é saber por saber e nada mais do que isso... é o pior de tudo". Conseguir dar-se conta desse fato é uma graça extraordinária, mas ela, no seu tormento, não o consegue vislumbrar. Curiosamente, o acelerador da crise de Franny será um pequeno livro verde, que ela traz sempre consigo: *Relatos de um peregrino russo*, um texto clássico da espiritualidade cristã sobre a oração e a iluminação espiritual. Ela parece não estar preparada para essa leitura. Oscila continuamente entre o ceticismo e o assentimento, entre um niilismo prático e a procura emocionada da fé, e aquele livro desenha inequivocamente a necessidade de uma decisão. Ela terá de abrir portas que estavam fechadas.

Para abrir portas assim, Nicodemos partiu em busca de Jesus:

> Entre os fariseus havia um homem chamado Nicodemos, um chefe dos judeus. Veio ter com Jesus de noite e disse-lhe: "Rabi, nós sabemos que tu vieste da parte de Deus, como Mestre, porque ninguém pode realizar os sinais portentosos que tu fazes, se Deus não estiver com ele". Em resposta, Jesus declarou-lhe: "Em verdade, em verdade te digo: quem não nascer do alto não pode ver o Reino de Deus". Perguntou-lhe Nicodemos: "Como pode um homem nascer, sendo velho? Porventura poderá entrar no ventre de sua mãe outra vez, e nascer?". Jesus respondeu-lhe: "Em verdade, em verdade te digo: quem não nascer

da água e do Espírito não pode entrar no Reino de Deus. Aquilo que nasce da carne é carne, e aquilo que nasce do Espírito é espírito. Não te admires por eu te ter dito: 'Vós tendes de nascer do alto'" (cf. Jo 3,1-7).

Mestre Eckhart dizia: "[...] o olhar com que vejo Deus é o mesmo olhar com que Deus me vê: o meu olhar e o de Deus são apenas um, uma única visão, um mesmo conhecimento de amor".

Um pai que se torna nosso
"Pai nosso..."

Escreveu Marcel Proust:

> Existem certos espíritos que podíamos comparar a doentes que uma espécie de preguiça ou de frivolidade impede de descer espontaneamente às regiões profundas de si próprios, onde começa a verdadeira vida do espírito. Só quando para aí tiverem sido conduzidos é que eles são capazes de descobrir e explorar verdadeiras riquezas. Mas sem esta intervenção eles vivem à superfície num perpétuo esquecimento de si próprios, numa espécie de passividade que

faz deles joguete de todos os prazeres, os diminuem à estatura daqueles que os rodeiam e os agitam. E semelhantes a esse fidalgo que, partilhando desde a sua infância a vida dos assaltantes de estrada, não se lembrava mais do seu nome, por ter desde há muito deixado de o usar, acabariam por abolir neles todo o sentimento e toda a lembrança da sua nobreza espiritual. Se um impulso exterior não viesse reintroduzi-los na vida do espírito.

Somos muitas vezes como esse fidalgo, que, por ter vivido deslocado do seu núcleo vital e nunca coincidir inteiramente com a sua identidade, acaba não sabendo quem é. Só uma intervenção do espírito (e nós escreveríamos Espírito, com maiúscula) o pode recolocar no cerne, no centro mais vital, e segregar-lhe aquilo que ele é, perfurando camadas e camadas de abandono. O *Pai-Nosso* pode constituir esse "impulso" deslocador. Orígenes dizia, com razão, que a nossa vida é um incessante e interminável *Pai-Nosso*. O desafio é o do reconhecimento.

Quando Jesus diz "Pai nosso"

A oração do *Pai-Nosso* devia sobressaltar-nos. Habituamo-nos tanto a conviver com o *Pai-Nosso* que corremos o risco de lhe atenuar o sentido. Como lembrava Oscar Wilde, a repetição pode ser uma coisa muito antiespiritual. Mas os primeiros que ouviram Jesus dizer *"Abbá"* sentiram o oposto disso, pois reconheceram-se diante de um fato singular: havia alguém que chamava "Pai" a Deus. Outros ouvintes terão certamente julgado isso escandaloso, um modo inaceitável de rezar. Por quê? Porque é mais fácil ver Deus a partir de fora. Deus grande, transcendente, poderoso, libertador, mas sempre observado a partir da exterioridade. A mudança que Jesus de Nazaré introduz é considerar Deus a partir de dentro. Jesus apresenta-se como o Filho de Deus. E a relação que mantém com Deus é uma relação filial. Isto é, Jesus vem dizer que Deus o impregna profundamente a ponto de ele ser Filho e se descobrir como tal. Repare-se na intensidade do testemunho que Jesus dá:

> Disse-lhe Filipe: "Senhor, mostra-nos o Pai, e isso nos basta!". Jesus disse-lhe: "Há tanto tempo que estou convosco, e não me ficaste a conhecer, Filipe? Quem me vê, vê o Pai. Como é que me dizes, então, 'mostra-nos o Pai'? Não crês que eu estou no Pai e o Pai está em mim? As coisas que eu vos digo não as manifesto por mim mesmo: é o Pai, que, estando em mim, realiza as suas obras. Crede-me: eu estou no Pai e o Pai está em mim" (cf. Jo 14,8-11).

Não é apenas um conhecimento especial que Jesus fornece de Deus. Ele não é um profeta, um legislador, um intermediário. É outra coisa: Deus é a sua *imago*, a fonte extraordinária e íntima que plasma e ilumina a criatividade messiânica das suas palavras e dos seus gestos... De certa maneira, o programa de Jesus é essa filiação, esse entrosamento filial. Tal como muitas vezes fazemos coisas e não sabemos bem o porquê – é por causa da imagem do pai que trazemos dentro de nós e com a qual estamos dialogando. Ora, Jesus faz isso com o próprio Deus. Tudo nele era marcado por essa consciência da sua filiação. Ele podia realmente chamar a Deus "*Abbá*", recuperando o tratamento que uma criança dá ao seu pai, tratando-o por "papá", por "paizinho". Não por uma dependência infantil, mas por um exercício amadurecido e provado de relação filial. Quando Jesus diz "Pai nosso", "*Abbá* nosso", Jesus quer dizer que Deus é o Deus de todas as horas, aquele em quem se pode confiar, como uma criança confia no pai sem qualquer tipo de reservas, sem qualquer escondimento, de uma maneira absoluta e total. Deus é aquele a quem podemos pedir "Preciso da tua mão", "Dá-me a tua mão", e saber que ele a estende, que ele cuida, acompanha, protege, faz-se tudo para nós. Dizer "*Abbá*" implica que eu também me queira colocar com a simplicidade de uma criança diante de Deus. Que eu queira configurar-me àquilo que o salmo canta: "Senhor, o meu coração não é orgulhoso nem os meus olhos são altivos; não corro atrás de grandezas ou de coisas superiores a mim. Pelo contrário, estou sossegado e tranquilo, como criança saciada ao colo da mãe; a minha alma é como uma criança saciada!" (cf. Sl 131,1-2).

Quanta intranquilidade, irritabilidade, dispersão provêm de não termos a alma da criança saciada de Pai, deixando-nos enredar no labirinto das substituições sempre provisórias e insuficientes.

Ele desejou que chamássemos "Pai nosso" ao seu próprio Pai

O Batismo não nos torna adeptos, simpatizantes, servos ou militantes de Jesus. Nem nos faz descobrir Jesus apenas como uma personalidade extraordinária que marcou a história para sempre, fixando-nos numa admiração de espectadores em relação a ele. Para retomarmos uma das mais belas expressões do Novo Testamento, que é utilizada na Carta aos Hebreus, podemos dizer que o Batismo nos torna companheiros de Jesus Cristo ("De fato, tornamo-nos companheiros de Cristo" – cf. Hb 3,14).

E somos companheiros por quê? Ainda citando a Carta aos Hebreus: somos seus companheiros porque ele não se envergonhou de nos chamar seus irmãos ("[...] ele não se envergonha de lhes chamar irmãos, dizendo: 'Anunciarei o teu Nome aos meus irmãos'" – cf. Hb 2,11-12). Jesus, quando falava de Deus, nunca dizia o "nosso Pai". Com frequência fala, sim, de Deus como "o Meu Pai", ou então "o Pai do Céu". Mas, ao ensinar o *Pai-Nosso* aos discípulos, Jesus diz "Pai nosso", como que a querer explicitar o mistério de comunhão que nos traz unidos a ele. Ao rezarmos o *Pai-Nosso*, estamos realmente participando de Cristo. O seu ser, o seu caminho, o seu estilo tornam-se os nossos, porque o "seu Pai" é o "nosso Pai". Isto é, partilha conosco a sua arquitetura vital e interior, a sua ossatura interna, aquele para o qual ele continuamente se volta. Diz o prólogo do Evangelho de João: "[...] aos que nele creem, deu-lhes o poder de se tornarem filhos de Deus" (cf. Jo 1,12). E como escreve Santo Agostinho, no seu comentário ao *Pater*, "Jesus quis que chamássemos nosso Pai ao seu próprio Pai". De fato, Jesus não nos transmite fórmulas, Jesus introduz-nos numa dimensão existencial e prática, dá-nos acesso a uma experiência filial. Jesus não nos dá um saber. Dá-nos o sabor de Deus. Um saborear.

Percebemos melhor, a esta luz, algumas passagens fundamentais dos escritos de São Paulo. Primeiro, em Romanos:

> Todos os que são conduzidos pelo Espírito de Deus, são filhos de Deus. Com efeito, não recebeste um espírito de escravos, para recair no temor, mas recebeste um Espírito

de filhos adotivos, pelo qual chamamos "*Abbá*, Pai". O próprio Espírito se une ao nosso espírito para testemunhar que somos filhos de Deus e, se somos filhos, somos também herdeiros. Herdeiros de Deus e co-herdeiros de Cristo, pois sofremos com ele para também com ele sermos glorificados (cf. 8,14-17).

Esse primeiro passo ajuda-nos a perceber como se passa do "meu Pai" para o "Pai nosso". Essa deslocação é uma consequência pascal. Mergulhados na Páscoa de Jesus, somos chamados a viver do seu Espírito, configurados à sua realidade. Não permanecemos servos nem escravos, mas tornamo-nos verdadeiramente filhos de Deus e agimos no mundo como tal ("brilhais como astros no mundo", assevera a Carta aos Filipenses 2,15). Porque não há outra maneira de ser cristão. Não há outra maneira de tornar o Reino presente no mundo, se não for a partir de dentro, impregnados, transfigurados por Deus, vivendo de Deus e de Deus só.

Na mesma sequência de pensamento, escreve Paulo aos Gálatas:

> Quando chegou a plenitude do tempo, enviou Deus o seu Filho, nascido de uma mulher, para remir os que estavam sob a Lei, a fim de que recebêssemos a adoção filial. E porque sois filhos, enviou Deus aos nossos corações o Espírito de seu Filho, que clama "*Abbá*, Pai", de modo que já não és escravo, mas filho, e se és filho és também herdeiro, graças a Deus (cf. Gl 4,4-7).

Que maravilha escondem as palavras "Pai nosso". Contêm o mistério da nossa filiação em Cristo. Fomos feitos filhos no Filho de Deus. Entramos, por Jesus, no mistério do próprio Deus, no coração da Trindade Santíssima. Os nossos nomes estão escritos no coração de Deus. É Cristo que nos ajuda a dizer "Pai nosso". Sozinhos, não éramos capazes de rezar, não saberíamos dizer que Deus é nosso Pai. Não saberíamos... Foi o que Jesus nos veio revelar. Todo cristão é uma consequência de Cristo e não há oração cristã que não reclame uma origem e uma chave cristológica fundamentais. É porque Jesus nos carregou nos seus ombros de Bom Pastor, correu ao nosso encontro, não desistiu de nos reencontrar... É porque Jesus se pregou no corpo da nossa ignorância e da nossa fragilidade... É porque Jesus suportou sobre si o peso dos nossos pesos... que nos revelou quem éramos. Na nossa fragilidade não teríamos força nem sabedoria para dizer que Deus é nosso Pai. É exatamente porque Jesus se amarrou a nós que podemos rezar "Pai nosso". Por isso, o "Pai nosso" é também o contrário da solidão. É Jesus quem nos faz descobrir, em todo tempo, o mistério do amor de Deus. Se, por vezes, ao rezar o *Pai-Nosso* a nossa voz é débil, o nosso ânimo titubeante, e a nossa prece é um sofrido murmúrio, acreditar que ele está conosco dá-nos a força necessária.

Somos uma coisa só

Lapidares na sua clareza são as palavras de São Cipriano sobre o *Pai-Nosso*:

> Não dizemos "Meu Pai, que estais nos Céus" e de igual maneira "Dá-me hoje o pão de cada dia". E nenhum de nós pede que seja perdoada apenas a sua ofensa, nem pede que só ele seja poupado à tentação ou liberto do mal. A nossa

oração é pública e comunitária, e quando rezamos, rezamos por todo o povo, não apenas pelo indivíduo, porque todos formamos uma coisa só.

Comovedores são igualmente os termos usados por Santo Agostinho:

> Pai nosso, quanta bondade! Di-lo o imperador e di-lo o mendigo, declara-o o patrão e declara-o o criado, afirmam-no juntos... Compreendem assim que são irmãos, desde o momento em que têm o mesmo Pai, um só Pai.

E no mesmo registro alinha-se a meditação contemporânea do poeta Charles Péguy:

> É necessário salvar-se conjuntamente, precisamos chegar juntos ao Paraíso, precisamos apresentarmo-nos juntos no Paraíso. É necessário pensar nos outros, é necessário doar-se aos outros. O que é que Deus nos dirá se chegarmos ao Paraíso sem os outros?.

Ora, todos esses trechos, de São Cipriano a Péguy, antes de se estenderem a cada um de nós, adaptam-se a Jesus. Ele foi exatamente aquele que não se quis salvar sozinho, mas com os outros. Quis doar-se, não pretendeu entrar sozinho na Glória. Quando entrou no Paraíso, fê-lo como Primogênito, isto é, como cabeça, como primeiro, como protótipo. Como se diz na Epístola aos Romanos: "Ele é o primogênito de muitos irmãos" (cf. Rm 8,29). Ao recitar o *Pai-Nosso*, somos chamados a viver uma aventura que Jesus quis que fosse assim: partir da nossa experiência humana e comum, do nosso viver ferido para descobri-lo companheiro, como ele foi companheiro dos discípulos de Emaús naquele entardecer, que é ainda o nosso.

5

Onde estás?
"... que estais nos céus,..."

É importante lembrarmos, até para se compreender bem o que ficou dito para trás, que Deus não é apenas um modelo que nos habita. Deus não é apenas uma *imago* interna, uma presença na nossa vida interior. Deus é uma presença absoluta em si mesmo. Não existe apenas dentro de nós para nos servir de referência, mas existe inefavelmente nele próprio. Os filósofos escolásticos ensinam que, enquanto nós somos existências, Deus é a essência. É uma definição talvez fácil de alcançar com o intelecto, mas árdua de abarcar globalmente. Se nós somos existências, nem conseguimos bem imaginar, para lá de todas as existências, o que seja só essência. E esta dificuldade diz muito do abismo de transcendência que nos separa de Deus, e desse infinito que nos distingue. Simone Weil lê isso de forma positiva:

> É necessário estar feliz por saber que Deus se encontra infinitamente fora do nosso alcance. Temos, assim, a certeza de que o mal em nós, mesmo se submerge todo o nosso ser, não macula minimamente a pureza, a felicidade, a perfeição divinas... Não podemos dar um único passo na sua direção. Não se caminha verticalmente. Não podemos dirigir para ele senão o nosso olhar. Não há que procurá-lo, é necessário apenas mudar a direção do olhar. É a ele que pertence procurar-nos.

E, de fato, é ele a procurar-nos. Nós só buscamos Deus, porque ele primeiro nos procurou. A sede que sentimos do seu rosto é ele quem a desperta. A nossa fome de silêncio e de encontro. A nossa carência de absoluto, o nosso desejo de amor, e de um amor que não morra...

Um Deus que está

"Pai nosso que estais nos céus." Antes de comentar o significado do céu, detenhamo-nos na forma verbal. Essa é uma afirmação espantosa que atravessa toda a Revelação bíblica, tanto do Antigo como do Novo Testamento. Deus está. O Deus transcendente "vê", "escuta", "compadece-se", "mostra-se", "permite o encontro". Pense-se no passo fundamental do Livro do Êxodo:

> Eu vi, eu vi a miséria do meu povo que está no Egito, ouvi o seu clamor por causa dos seus opressores, pois eu co-

nheço as suas angústias. Por isso desci, a fim de libertá-lo das mãos dos egípcios, e para fazê-lo subir daquela terra a uma terra boa e vasta, terra que mana leite e mel. Agora o clamor dos filhos de Israel chegou até mim, e também vejo a opressão com que os egípcios os estão oprimindo (cf. Ex 3,7-9).

A Escritura foge a definições e constrói uma gramática eminentemente narrativa. Não conceitualiza: narra, relata, exemplifica. E as imagens que nos oferece de Deus atestam que ele, afinal, está ao nosso alcance, presente às expectativas e ao bater do nosso coração, sempre a olhar por nós, sempre disposto a nos amar. No fundo, um Deus que está. Isso é de tal maneira acentuado que os próprios comentadores da Bíblia se perguntaram se ela, em alguns passos, não teria ido longe demais, colocando em causa a transcendência divina. Um exemplo conhecido é o do inesquecível Salmo 23:

> O Senhor é meu pastor: nada me falta.
> Em verdes prados me faz descansar
> e conduz-me às águas refrescantes.
> Reconforta a minha alma
> e guia-me por caminhos retos, por amor do seu nome.
> Ainda que atravesse vales tenebrosos,
> de nenhum mal terei medo
> porque tu estás comigo.
> A tua vara e o teu cajado dão-me confiança.
> Preparas a mesa para mim
> à vista dos meus inimigos;

ungiste com óleo a minha cabeça;
a minha taça transbordou.
Na verdade, a tua bondade e o teu amor
hão de acompanhar-me todos os dias da minha vida,
e habitarei na casa do Senhor
para todo o sempre.

O nó do problema está no versículo 4: "Ainda que atravesse vales tenebrosos, de nenhum mal terei medo porque tu estás comigo". Que se está dizendo aqui? Os "vales tenebrosos" são os lugares infernais, o território da treva, a descida da escuridão, a inclinação da morte. Faz sentido o salmista garantir "tu estás comigo"? Poderá Deus andar por caminhos tenebrosos? Descer aos "infundos"? Alagar-se na água noturna dos nossos sítios sem esperança? Deus pode descer aí, ao impensável de Deus? Só a desmesura do seu amor nos dá a certeza de que nem a sombra nem a treva são capazes de obscurecer a fidelidade da sua presença e o acompanhamento que ele faz das nossas dramáticas histórias. Nada o limita, nada o trava, nada o coarcta: Deus está sempre.

Com a mesma densidade espiritual do Salmo 23, devemos considerar este apontamento que os evangelistas fazem no relato da Paixão de Jesus: "E cumpriu-se a passagem que diz: Foi contado entre os malfeitores" (cf. Mc 15,28). O Justo pode ser contado entre os injustos, como sendo um deles? O que aqui está soletrado é um mistério de solidariedade e de presença que assombra, que nos deixa sem palavras.

Em um dos seus romances, Elie Wiesel conta uma execução num campo de concentração. Chamaram uns quantos inocentes e colocaram-nos arbitrariamente perante o pelotão de fuzilamento. E alguém não resiste e diz baixinho, entre os dentes: "Onde estás, ó Deus?". E terá ouvido a voz sussurrada de um companheiro que lhe garante: "Deus está ali mesmo, entre os fuzilados".

A ontologia do cotidiano

Um filósofo italiano, Maurizio Ferraris, escreveu um livro que tem o seu quê de paródia à nossa contemporaneidade, mas que é inquietantemente esclarecedor. A obra chama-se: *Onde você está? Uma ontologia do celular* (2006). É claro que não se pode fazer uma ontologia do celular, mas pode-se observar o impacto que esse e outros dispositivos técnicos têm sobre a vida corrente e os comportamentos. Quando chamávamos para um telefone fixo, era normal perguntar "quem fala?", mas pressupondo que, de fato, isso acontecia se alguém atendia a chamada. Com a proliferação dos celulares, deixamos de usar o retórico "quem fala?", e a pergunta mais frequente é "onde você está?". Parece que nos aconteceu a todos uma desterritorialização. Hipervalorizamos a mobilidade em detrimento da permanência. Deixamos de "estar" e de "saber estar". No melhor dos casos, vamos estando, flutuantes, esporádicos, desancorados, vagos.

Uma experiência, cada vez mais frequente, é a de não termos tempo. Dizemos, repetindo um provérbio que os latinos já usavam, que o tempo voa (*tempus fugit*). Voa o tempo para estar. Contudo, "foi o tempo que perdeste com a tua rosa que tornou a tua rosa tão importante para ti", explicou a raposa ao Pequeno Príncipe. Contudo, sabemos bem que há uma qualidade de relação que só se obtém no tempo. Por alguma razão, esse raro Mestre de humanidade chamado Jesus disse: "Se alguém te pede para o acompanhares durante uma milha, anda com ele duas". Só estando é que descobrimos o sentido e a relevância da nossa marcha ao lado dos outros. Só estando presentes a nós próprios é que nos apropriamos da nossa caminhada interior. É tão fácil tornarmo-nos desconhecidos. Basta não estar.

Blaise Pascal dizia que toda a infelicidade humana provém de uma única coisa: não sabermos estar num lugar. Parece que temos de viver sete vidas num dia só, ofegantes, ansiosos, meio desencontrados e insones. Um desenvolvimento sereno do tempo não nos chega. Desde os horários dilatados de trabalho às solicitações para uma comunicação praticamente ininterrupta, entramos num ciclo sôfrego de atenção, atividade e consumo. "Apressa-te, apressa-te" é o comando de uma voz que nos aprisiona e cujo rosto não vemos. "Vai para aqui, vai para ali." Vamos para onde? Talvez, se tivéssemos de explicar as razões profundas dos nossos tráfegos em vertigem, da nossa aceleração em flecha, da repartição permanente por experiências diferentes, nem saberíamos dizer. E também disso, desse vazio de respostas, preferimos fugir.

O nosso Deus está! Uma das possibilidades de tradução do nome divino *Yahweh* é o sintagma "Eu sou para vós", "Eu estou para vós". O autor da Carta aos Hebreus retoma-o numa paráfrase belíssima: "[...] o próprio Deus disse: 'Não te deixarei nem te abandonarei'" (cf. Hb 13,5). É uma verdadeira declaração de amor. O Ressuscitado confirma e alarga ainda o seu sentido, no discurso final do Evangelho de Mateus: "Eu estarei sempre convosco até o fim dos tempos" (cf. Mt 28,20). O nosso Deus está!

É espiritualmente desastrosa a ideia que se espalhou na visão corrente da existência cristã segundo a qual, quando pecamos, Deus se afasta de nós. Que acontece como que um eclipse de Deus. Pode ser! Pelo contrário: é preciso dizer que, quando pecamos, Deus agarra-se ao nosso pescoço. Deus não nos deixa; Deus aumenta o seu amor por nós. Deus derrama a sua ternura, Deus acena, Deus suplica que abramos os olhos, que caiamos em nós e nos recordemos daquilo que somos, recobrando forças... E é exatamente porque Deus se amarra ao nosso pescoço, como alguém que nos ama absolutamente, alguém que – di-lo a parábola – nos "cobre de beijos" (cf. Lc 15,20), que podemos voltar ao abraço paterno. Mergulhar no *Pai-Nosso* é descobrir esse Deus que está. E é também aprender a estar.

Deus é maior que os céus

Nós rezamos "Pai nosso que estais nos céus", e essa é uma evocação que precisamos entender. Explica Orígenes:

> Quando se diz que o Pai dos Santos está nos céus, não se deve pensar que ele esteja circunscrito a uma figura corpórea e habite nos céus. Se assim fosse, Deus seria menor que os céus, pois esses o contêm. Deve-se acreditar, antes, que tudo é por ele circunscrito e tudo nele está contido, com o inefável poder da sua divindade.

O céu é o próprio Deus, o seu estar, a sua Glória indizível. Simbolicamente, os céus estão acima de nós, são aquilo que nos cobre. Representam, no fundo, o teto, a dança festiva, o horizonte escatológico da nossa própria existência. Sabemos que, sobre todos os lugares, existe o céu. Sabemos que o céu não nos cobre apenas nos dias de alegria, mas também nos tempos de tristeza e sofrimento. Nas horas de encruzilhada, em que a esperança parece diminuta.

Sabemos que nenhum lugar tem mais céu do que outro. O santuário não tem mais céu do que o lugar onde trabalhamos, onde nos comprometemos, na ação e na fadiga, com a nossa profissão, os nossos serviços... Sobre o teto acolhedor não existe mais céu do que sobre a estrada solitária que atravessamos.

E o céu não tem fronteiras. Não temos, no fundo, de falar outra língua, não temos de realizar nada especial, porque o céu é aquilo que nos cobre continuamente. Por isso, na sua transversalidade, essa imagem é algo que, verdadeiramente, traduz ao nosso coração este mistério da presença de Deus.

Dizer "Pai nosso que estais nos céus" é dizer "Pai nosso" que estás sempre, mas sempre mesmo!... Que estás em todo o lado, que tudo guardas no coração. "Pai nosso" que estás aqui presente, como presente estás ao irmão. "Pai nosso" que vens desde o início, e és ao mesmo tempo aquilo que persiste. Sobre a Terra, as coisas todas vão morrendo e nascendo, renascendo e voltando a morrer, enquanto o céu permanece sempre.

Os místicos cristãos testemunham-no, dizendo-nos: "Para, para onde corres? – O céu está em ti, procurar Deus noutro lugar é nunca o alcançar".

Ou, então: "Para, para onde corres? – O céu está em ti!...".

Senhor, por vezes, a nossa oração é apenas a necessidade da tua mão, a absoluta necessidade de sentir a tua mão funda, capaz de nos acolher tal qual somos dentro do teu silêncio; é apenas o desejo de sentir o roçar, mesmo que leve, da tua imensidão no precipitado, no precário, no incerto das nossas cotidianas rotas; é apenas esta necessidade de reconhecer que tu, estando, recebes esta espécie de fome e de desejo que nós somos.

# 6

Dar um nome sem que o indizível se perca
"… santificado seja o vosso nome,…"

Sobre Deus e o caminho espiritual, faz-nos bem a nós crentes escutar os não crentes. Posso dizê-lo por mim próprio: ensinam-nos tanto! É que corremos o risco de facilitar, de dar por adquirido, de reproduzir acriticamente. Corremos o risco de nem pensar. Tenho um amigo, que se diz ateu, que, todas as vezes que me encontra, pergunta: "Tens pensado em Deus?". E quando eu lhe devolvo a questão, ele responde: "Sabes que só penso nisso". Um dos sintomas do nosso amolecimento interior são os automatismos de freguês, a autojustificação de quem se vicia em encontrar atalhos, fugindo à exigência e à demora dos caminhos. "Meu filho, se entrares para o serviço de Deus, prepara a tua alma para a demora" (cf. Sir/Eclo 2,1). Esse é o endereço da via espiritual autêntica. A demora e a dedicação provada, necessárias à intimidade.

Um jovem escritor que foi um dia à Capela do Rato, onde sou capelão, disse-me no final: "Você devia ter coragem de retirar todas as cadeiras desta capela, onde os cristãos se sentam muito comodamente, e colocar sobre este soalho, muito envernizado e estável, uma boa camada de terra, que nos lembrasse que a fé supõe grandes procuras e contínuas viagens".

A propósito do versículo do *Pai-Nosso*, "santificado seja o vosso nome", recordei-me de um poema, austero é verdade, do poeta Eugênio de Andrade, que, contudo, nos recentra na procura. Há momentos em que temos de recomeçar tudo de novo. Sentir que o apelo da viagem é mais necessário do que as cadeiras. Ou, como dizia D. Quixote, que a estrada tem mais a ensinar-nos do que a estalagem. O poema de Eugênio de Andrade chama-se *O inominável*:

> Nunca
> dos nossos lábios aproximaste
> o ouvido; nunca
> ao nosso ouvido encostaste os lábios;
> és o silêncio,
> o duro espesso impenetrável
> silêncio sem figura.
> Escutamos, bebemos o silêncio
> nas próprias mãos
> e nada nos une
> — nem sequer sabemos se tens nome.

Há de ser sempre difícil falar de Deus, e isso é bom

Na Primeira Epístola de São João diz-se que "Deus permanece em nós e o seu amor chegou à perfeição em nós", mas também que "a Deus nunca ninguém o viu" (cf. 1Jo 4,12). O poeta católico Charles Péguy reza assim numa das suas odes:

> Tu recordas-me esse grande silêncio
> que o mundo tinha,
> antes que tivesse início o reino do homem.
> Tu anuncias-me esse grande silêncio que o mundo terá,
> quando terminar o reino do homem.

É verdade que não sabemos se Deus tem nome. É verdade que, tanto crentes como não crentes, bebemos o silêncio de Deus nas próprias mãos. Deus não é manipulável, domesticável por discursos e representações. A Revelação bíblica, por exemplo, é muito zelosa em manter a indizibilidade de Deus. "Porque perguntas o meu nome?", respondeu Deus ao pedido do patriarca Jacó no meio do combate que travavam (cf. Gn 32,30). Na cultura do mundo bíblico, saber o nome de alguém era ter um ascendente, uma qualquer forma de equivalência em relação a essa pessoa. Ainda hoje é assim. Temos maior ascendente, mesmo que fictício, sobre alguém de quem possuímos o nome do que sobre uma pessoa que apenas vemos na rua e não sabemos de onde vem nem para onde vai. Alargando esse raciocínio, a Bíblia vai privar-nos igualmente da visão do rosto de Deus. Deus está para lá daquilo que somos capazes de observar. Deus está sempre a escapar-nos, Deus é sempre Outro, em face do nosso conhecimento.

A experiência da fé deve conduzir-nos ao reconhecimento de que Deus é Deus e que isso comporta um literal afundamento numa realidade radicalmente outra. A experiência constrói-se no intransigente, desconcertante e ardente oximoro, que é a sua figura por excelência: a fé é sede que dessedenta, fome que sacia, vazio que enche de plenitude, escuridão que brilha. É na pobreza orante, de mãos estendidas e vazias, que a podemos tocar e viver.

Há, sem dúvida, lugar para uma formulação teológica positiva. Acerca de Deus podemos efetivamente dizer alguma coisa com validade. Mas esse conhecimento inteligível é designado, pela tradição patrística, como "simbólico" e "apenas simbólico", já que a realidade transcendente é irredutível a qualquer sistema de pensamento. Gregório de Nissa avisa que "os conceitos criam ídolos" quando os tomamos para enunciar Deus. Segundo ele, "o mistério revela-se para lá de qualquer conhecimento, para lá mesmo de qualquer ignorância, nas trevas mais que luminosas do silêncio", aquelas que "só a contemplação orante apreende". É uma aproximação assim que a fé nos sugere.

Como método, ela não toma a especulação: a fé não comunica saberes, não elenca roteiros, não se repete. "Vai onde não possas/vê onde não vês:/escuta onde não ressoa/e assim estarás onde Deus fala", segreda o místico Angelus Silesius. O único caminho é o do despojamento progressivo, do abandono confiado e o da transformação. A verdadeira oração reza já sem imagens: é exposição, nudez ou, como diz o Cântico dos Cânticos, é encontro nupcial. O orante é chamado a permanecer escondido na própria epifania. "Vós morrestes e a vossa vida está escondida com Cristo em Deus" (cf. Cl 3,3).

Naquela que é, porventura, uma das mais ardentes autobiografias da alma de todo o século XX, a de Madre

Teresa de Calcutá, reencontramos, para escândalo ou desconcerto de quem do Cristianismo faz apenas uma abordagem sociológica, o essencial da mística cristã. Como não amar a aspereza, a depuração, a essencialidade desarmada, a exposição, a miséria confessada desta assombrosa mulher que a Deus rezava assim: "Não te importes com o que eu sinto"; e que de Deus dizia: "Quero amar a Deus por aquilo que ele tira. Ele destruiu tudo em mim". Ou, ainda:

> Há tanta contradição dentro da minha alma. Um desejo tão profundo de Deus, tão profundo que se torna doloroso, um sofrimento permanente... E, contudo, não ser querida por Deus, sentir-se repelida, vazia, sem fé, sem amor, sem zelo. As almas não atraem. O céu nada significa, parece-me um lugar vazio. O pensamento do céu nada significa para mim e contudo esta ânsia torturante de Deus...

E concluía: "Se alguma vez vier a ser santa, serei com certeza uma santa da 'escuridão'".

Bendita escuridão

É o que apetece dizer, porque o grande risco para o nosso caminho espiritual raramente é "a noite escura", raramente são as dúvidas de fé, a aridez do deserto, os tempos turbulentos, as lutas... O grande perigo é não haver ondas, ser tudo demasiado normalizado, linear, utilitário, funcional. Podemos nos revoltar mil vezes contra os chamados "filósofos da suspeita" e não vemos que muito antes, e se calhar muito mais gravemente do que eles, nós, crentes, excluímos Deus, o Deus vivo, da nossa vida. Tornamo-lo uma referência do passado, uma história já conhecida, um roteiro lido, bem guardado na dobra do presente, uma espécie de arqueologia privada para um uso monótono.

Um dos livros mais impressionantes sobre a inquietação religiosa é, sem dúvida, *Os Irmãos Karamazov*. A parte mais conhecida do livro chama-se "A lenda do grande Inquisidor" e relata uma história que não deixará nunca de nos fazer pensar. Passa-se durante o tempo da Inquisição, na Espanha, na cidade de Sevilha.

> Na sua misericórdia infinita, Jesus volta ao convívio dos homens sob a forma que tivera durante os três anos de sua vida pública... Apareceu docemente, sem se fazer notar, mas – coisa estranha – todos o reconheciam... Atraído por uma força irresistível, o povo comprime-se à sua passagem e segue-lhe os passos. Silencioso, passa ele por entre a multidão com um sorriso de compaixão infinita. Seu coração está abrasado de amor, seus olhos desprendem a Luz, a Ciência, a Força, que irradiam e despertam o amor nos corações. Estende-lhes os braços, abençoa-os, uma virtude salutar emana de seu contato e até mesmo de suas vestes. Um velho, cego de infância, exclama no meio da multidão: "Senhor, cura-me e eu te verei". Uma casca cai de seus olhos e o cego vê. O povo derrama lágrimas de alegria e beija o chão sobre as marcas de seus passos. As crianças lançam flores à sua passagem, canta-se, grita-se: "Hosana! É ele, deve ser ele!". Exclama-se: "Só pode ser ele!". Ele para no adro da Catedral de Sevilha, no momento em que trazem um pequeno ataúde branco no qual repousa uma menina de sete anos, a filha única de uma pessoa notável. A morta está coberta de flores.

"Ele ressuscitará tua filha" – gritam na multidão para a mãe lacrimosa. O padre, que sai a receber o ataúde, olha com ar perplexo e franze o sobrolho. De súbito, repercute--se um grito, a mãe lança-se a seus pés: "Se és tu, ressuscita minha filha!", e estende os braços para ele. O cortejo para, deposita-se o caixão sobre as lajes. Ele a contempla, cheio de compaixão, e sua boca profere docemente mais uma vez: "Talitha kumi", e a menina se levantou.

Nesse momento surge, no fim da rua, o grande Inquisidor, que, olhando para o sucedido e reconhecendo, de fato, que se tratava de Jesus, manda-o prender. E nessa noite, em segredo, ele terá um diálogo com Jesus. Para a consciência cristã, não há diálogo mais perturbador. Resumindo, o grande Inquisidor diz a Jesus:

> Tu não podes fazer mais nada; o que tu tinhas a fazer já está feito; o que tu tinhas a dizer já está dito... Agora somos nós que mantemos aquilo que disseste. Não podes vir de novo com milagres, não podes vir ressuscitar de novo as pessoas, agora há uma ordem e tu também estás encaixado dentro desta ordem.

Muitas vezes é isso a nossa religiosidade. Dizemos: Deus é isto, o seu nome é aquilo. E Deus tem de ficar ali encaixado, submisso. E passamos o tempo da nossa vida a dizer a Deus: "Tu não podes", "Tu não podes". Este é um ponto fundamental da nossa conversão: verificar, no fundo de mim, se dou espaço para que Deus continue a dizer, para que Deus continue a estar, para que Deus vá aonde ele quiser e não aonde eu acho que ele deve ir...

No seu tão comentado discurso proferido no campo de concentração de Auschwitz-Birkenau em maio de 2006, Bento XVI dizia:

> [...] nós não podemos perscrutar o segredo de Deus: vemos apenas fragmentos e enganamo-nos se pretendemos eleger-nos a juízes... O Deus no qual nós cremos é um Deus da razão, mas de uma razão que certamente não é uma matemática neutral. [...] Num lugar como este faltam as palavras, no fundo pode permanecer apenas um silêncio... um silêncio que é um grito interior por Deus.

Para respeitar a presença do Deus que é vivo, eu tenho também de estar vivo diante de Deus. Porque esse é o reverso da medalha... Se trato Deus como alguém, permitam-me a crueza, fixo numa imagem ou num indefinido conceito, eu também me dispenso de estar vivo diante dele. E então, diante de Deus, vamos passando, de corpo presente, mas sem verdadeiro envolvimento. Não nos colocamos dentro, não nos comprometemos...

São precisas, talvez, palavras novas, na nossa oração. Precisamos, de fato, delas até para dar sentido às orações extraordinárias que herdamos do tesouro da tradição. Precisamos redizer a experiência de Deus com a linguagem dos dias. Dizer, com palavras nossas, que Deus é o caminho, Deus é a porta, Deus é a embarcação, Deus é o brilhante fio, Deus é a água que corre, Deus é o rosto da criança, Deus é a intacta porção da luz, Deus é o dia que rasga a noite... Com palavras da tradição ou palavras contemporâneas, temos de ser capazes de manter uma relação viva com Deus, e de nos sentirmos vivos diante de Deus. A relação com Deus é uma relação viva.

Só há uma infelicidade, que é a de não sermos santos

Sophia de Mello Breyner, naquele conto tão conhecido, *O retrato de Mónica*, explica que a poesia nos é dada uma vez, e, quando dizemos que não, ela se afasta. O amor nos é dado algumas vezes, e se também o recusamos ele se distancia de nós. Mas a santidade nos é dada todos os dias como possibilidade. E se a recusamos teremos de a recusar todos os dias da nossa vida, porque cotidianamente a santidade se avizinha de nós como possibilidade.

Contudo, fizemos da santidade uma coisa tão extraordinária, abstrata e inalcançável, que quase não ousamos falar dela. De certa forma, habituamo-nos a olhar para a experiência cristã como que acontecendo a duas velocidades: o caminho heroico dos santos e a frágil estrada que é a de todos os outros, e por maior razão a nossa. Ora, esta concepção de santidade não pode estar mais longe daquilo que a tradição cristã propõe. O Concílio Vaticano II, por exemplo, deixa bem claro: a santidade é a vocação mais inclusiva e comum (*Lumen Gentium*, n. 5). Mas é preciso entender de que falamos quando falamos de santidade.

Bastar-nos-ia certamente ler as bem-aventuranças. Jesus não declara que os bem-aventurados são os outros, os que não estão ali. Jesus olha para a multidão e começa a dizer: "Felizes vós, os pobres"; "felizes vós, os aflitos"; "felizes vós, os misericordiosos". Que quer isso dizer? Que são, no fundo, as nossas pobrezas, fragilidades, aflições, mansidões, procuras e sedes que dão a substância da bem-aventurança, a matéria da santidade. É naquilo que somos e fazemos, no mapa vulgaríssimo de quanto buscamos, na humilde e mesmo monótona geografia que nos situa, na pequena história que dia a dia protagonizamos, que podemos ligar a terra e o céu. Falar de santidade em chave cristã passou a ser isto: acreditar que a humanidade do homem se tornou morada do divino de Deus.

> Conta-se que, um dia, uma dona de casa quis também criar uma seita, pois não estava disposta a deixar-se ficar atrás dos outros, assistindo ao cotidiano espetáculo da sua proliferação. E decidiu, então, começar uma seita em que ela e a sua empregada eram, digamos, os "gurus" e os profetas daquela nova bolha. E a verdade é que aquilo começou a ter uma certa importância, e era sempre ela e a empregada, a empregada e ela... Passados uns tempos, vieram os jornalistas entrevistá-la. Escolheram, naturalmente, falar com a dona de casa... e inquiriram:
> — A senhora está contente?...
> — Muito, estou muito contente com a Igreja que fundei, mas olhem que já estou pensando noutra!
> — Já está pensando noutra?
> — Sim, acho que tem de haver uma seita em que só eu seja profeta.

Dizer "santificado seja o vosso nome" é viver no inconformismo, em relação às experiências de Deus, que são claramente egóticas e insuficientes. É ter coragem, ter audácia de dizer:

> Deus, sê Deus em mim. Ensina-me a ser discípulo, fiel à escuta, à sugestão do Espírito, à aprendizagem da Palavra, disponível para as suas implicações históricas. O teu nome,

ó Deus, é um "não nome"; é um desafio para me colocar cada dia à escuta do teu nome. Que eu não me tranque por dentro, num confortável reservatório de certezas, mas olhe com frescura os caminhos, esperados e inesperados, que tu me apontas...

Em Toledo, está escrito na entrada de um mosteiro do século XII: "Não há caminhos, há que caminhar." Dizer "santificado seja o vosso nome" é, assim, aceitar sermos peregrinos do nome de Deus... é tomar para si a condição de Abraão, a condição de todo o Povo de Deus que foi peregrino do nome e do rosto de Deus, a condição de Jesus, que "não tinha onde reclinar a cabeça", construindo uma história de santidade, e nada mais.

"Sede santos, porque eu, o vosso Deus, sou santo" (cf. Lv 11,45). O escritor Léon Bloy dizia: "Só há uma infelicidade, que é a de não sermos santos". E, contudo, como o testemunha Sophia de Mello Breyner, a santidade nos é dada, como possibilidade real, em cada dia: "[...] a santidade é oferecida a cada pessoa de novo cada dia, e por isso aqueles que renunciam à santidade são obrigados a repetir a negação todos os dias". É como desafio a uma santidade vivida que também São Cipriano explica este segmento do *Pater*. Incita ele: "[...] peçamos e imploremos para preservar naquilo que começamos a ser, uma vez santificados no Batismo. E peçamos isto a cada dia, pois, de fato, a cada dia estamos necessitados de santificação... Peçamos para que permaneça em nós esta santificação".

A flor do mundo é a santidade. Essa forma de Deus presente em todos os tempos, em todas as latitudes, em todas as culturas. O que salva o mundo é a santidade: ela dá flexibilidade à dureza, torna uno o dividido, dá liberdade ao aprisionado, põe esperança nos corações abatidos, esconde o pão no regaço dos famintos, abraça-se à dor dos que choram e dança, com outros, a sua alegria. A santidade é um sulco invisível, mas torna tudo nítido em seu redor. A santidade é anônima e sem alarde. A santidade não é heroica: expressa-se no pequeno, no cotidiano, no usual. O pecado é a banalidade do mal. A santidade é a normalidade do bem. Como fica demonstrado neste poema de Maria de Lourdes Belchior:

> Hoje é dia de todos os santos: dos que têm auréola
> e dos que não foram canonizados.
> Dia de todos os santos: daqueles que viveram,
> serenos e brandos, sem darem nas vistas e que no fim
> dos tempos hão de seguir o Cordeiro.
> Hoje é dia de todos os Santos: santos barbeiros e
> santos cozinheiros, jogadores de *football* e por que
> não? comerciantes, mercadores, caldeireiros
> e arrumadores (por que não arrumadoras? se até
> é mais frequente que sejam elas
> a encaminhar o espectador?)
> Ao longo dos séculos, no silêncio da noite e
> à claridade do dia foram tuas testemunhas;
> disseram sim/sim e não/não; gastaram palavras,
> poucas, em rodeios, divagações. Foram teus
> imitadores e na transparência dos seus gestos
> a tua imagem se divisava. Empreendedores e bravos
> ou tímidos e mansos, traziam-te no coração,
> Olharam o mundo com amor e
> os homens como irmãos.

Do chão que pisavam
rebentava a esperança de um futuro
de justiça e de salvação
e o seu presente era já quase só amor.
Cortejo inumerável de homens e mulheres que te
seguiram e contigo conviveram, de modo admirável:
com os que tinham fome partilharam o seu pão
olharam compadecidos as dores do mundo
e sofreram perseguição por causa da Justiça.
Foram limpos de coração e por isso
dos seus olhos jorrou pureza e dos seus lábios
brotaram palavras de consolação.

Amaram-te e amaram o mundo.
Cantaram os teus louvores e a beleza da Criação.
E choraram as dores dos que desesperam.
Tiveram gestos de indignação e palavras proféticas
que rasgavam horizontes límpidos.
Estes são os que seguem o Cordeiro
porque te conheceram e reconheceram
e de ti receberam
o dom de anunciar ao mundo a justiça e a salvação.

Dizer "santificado seja o vosso nome" é dizer a Deus: sê inteiro, não deixes que eu te divida ou diminua, em função do meu egoísmo e dos meus humores... Sê como és, manifesta-te em mim e na universalidade, revela-te naquilo que é diferente e oposto a mim, naquilo que me contraria. Livra-me de ser um limite para o teu amor. Que a tua Santidade, ó Deus, seja uma estrela que caminha à nossa frente, a coluna de fogo que vai diante de nós, o assobio do pastor que nos serve de sinal... Na nossa humildade, somos a tenda onde Deus vai acampando no mundo, e cada dia vamos, num lugar diferente, num modo novo... Como escrevia Santo Agostinho: "A santificação do nome de Deus é a nossa santificação". Os crentes não são gestores de uma ação externa: são servidores e viajantes, nômades e enamorados peregrinos, leitores e ouvintes, adoradores implicados...

7

Aprender a viver do desejo de Deus
"... venha a nós o vosso Reino,..."

Sobre o "venha a nós o vosso Reino" Santo Agostinho diz uma coisa curiosa e certeira: "Pedimos que venha o seu Reino. A verdade é que ele virá, mesmo se não o quisermos. Mas pedimos para desejar, para desejá-lo". É verdade, o Cristianismo é, na sua radical essência, uma iniciação ao desejo. Uma escola de desejo. Na mesma direção se inscreve o comentário de Simone Weil: "O Reino de Deus é o Espírito Santo preenchendo completamente toda a alma... O Espírito sopra onde quer. Não se pode senão chamá-lo. [...] Chamá-lo, pura e simplesmente; como se pensar nele fosse um apelo e um grito".

Às vezes assalta-me o receio de que estejamos construindo um Cristianismo demasiado cristalizado, com as coisas muito arrumadas, um organograma impecável, uma máquina bem oleada, mas sem horizonte, como se fôssemos (e perdoem a analogia) um departamento de mapas e guias de viagem e não uma associação de exploradores, de alpinistas, marinheiros e viajantes.

Lembro-me, muitas vezes, do que conta Françoise Dolto na introdução à sua leitura psicanalítica dos Evangelhos. Durante anos, ela ouviu os Textos Sagrados apenas como documentos históricos ou morais. E a verdade é que eles apenas sobrevoavam a vida na sua concretude. O ponto de viragem foi quando percebeu que as Escrituras são "uma escola do desejo", pois eles inscrevem no fundo do nosso ser "um efeito de verdade" capaz de nos iniciar na liberdade e no amor.

Não é, de fato, o conhecimento armazenado de um dia que nos pode servir de mapa, mas a meditação do acontecer. Somos convocados para peregrinar, para aferir a profundidade no movimento, para vislumbrar, através da incessante deslocação, aquilo que permanece. O nosso olhar nem sempre aceita que é pobre, mas quando aceita percebe finalmente aquilo que está dito, num verso de Rainer Maria Rilke e em tantos outros lugares: "A pobreza é um grande brilho que vem de dentro...". São de sabedoria as palavras do místico São João da Cruz:

> Para chegares a saborear tudo, não queiras ter gosto
> em coisa alguma.

Para chegares a possuir tudo, não queiras possuir coisa alguma.
Para chegares a ser tudo, não queiras ser coisa alguma.
Para chegares a saber tudo, não queiras saber coisa alguma.
Para chegares ao que queres, hás de ir por onde não queres.
Para chegares ao que não sabes, hás de ir por onde sabes.
Para ires ao que não possuis, hás de ir por onde possuis.
Para chegares ao que não és, hás de ir por onde és.

Transcender o Livro

O Cristianismo faz uma deslocação fundamental no universo religioso. Deixa de ser uma religião do Livro para passar a ser a religião de Alguém. A religião que nasce de uma pessoa e se centra numa pessoa. São Lucas conta isso de uma maneira muito clara, como se estivéssemos seguindo um filme:

> Jesus veio a Nazaré, onde tinha sido criado. Segundo o seu costume, entrou em dia de sábado na sinagoga e levantou-se para ler. Entregaram-lhe o Livro do profeta Isaías e, desenrolando-o, deparou com a passagem em que está escrito: "O Espírito do Senhor está sobre mim, porque me ungiu para anunciar a Boa-Nova aos pobres; enviou-me a proclamar a libertação aos cativos e, aos cegos, a recuperação da vista; a mandar em liberdade os oprimidos, a proclamar um ano favorável da parte do Senhor". Depois, enrolou o livro, entregou-o ao responsável e sentou-se. Todos os que estavam na sinagoga tinham os olhos fixos nele.

Começou, então, a dizer-lhes: "Cumpriu-se hoje esta passagem da Escritura, que acabais de ouvir" (cf. Lc 4,16-21).

Jesus toma o Livro, lê uma das passagens acerca da missão do Messias, na versão do profeta Isaías. Um texto que estava no coração de todos, que era trazido, ao longo de gerações, com uma interrogativa esperança: "Quando virá aquele que traz a Boa-Nova aos pobres, que cura os corações quebrantados, dá a vista aos cegos, liberta os encarcerados, anuncia um ano da graça, um ano das maravilhas do Senhor?".

Jesus lê, enrola o Livro e entrega-o. Neste momento, de um modo simbólico, mas real, Jesus ultrapassa o Livro, e senta-se. Quando Jesus fala sentado, a sua locução torna-se particularmente solene. Jesus senta-se, então. Está ali como Mestre, com toda a sua autoridade de Messias. E diz: "Hoje, a vossos olhos, cumpriu-se a Escritura". E começa a falar-lhes. Transitou-se do Livro para a Pessoa. Alcançou-se um limiar novo com Jesus de Nazaré. Chegou ao fim o tempo das profecias, pois temos entre nós aquele que é o objeto das profecias, o Messias. Chegou ao fim o tempo em que a ação de Deus era apenas anunciada num futuro ("quando o Messias vier, quando for o seu tempo"), porque em Jesus chegou o hoje, o agora da salvação de Deus. Deixou-se de viver de anúncios, porque chegou o Anunciado. Deixou de haver as grandes esperas, porque chegou o Esperado. O mistério da Encarnação leva-nos a acreditar que a misericórdia de Deus, na história dos homens, deixou de estar encerrada na letra de um Livro, e passou a ser uma vida, uma existência, uma atualidade atuante. Um aqui e um agora, onde Deus se torna presente. Não é por acaso que o primeiro anúncio de Jesus foi este: "O Reino de Deus está próximo", ou: "O Reino de Deus chegou até vós".

O que é o Reino de Deus?

O Reino de Deus não é descrito conceitualmente, mas em chave narrativa. O que podemos dizer é que ele é inseparável de Jesus, deste *agora* da salvação de Deus, deste *transbordar* da sua graça na história. É inseparável deste *rasgar* da história aos pobres e infelizes, deste *bálsamo* derramado nos corações quebrantados, desta *palavra* de alento aos que já não esperavam nada. Deste *aproximar* de vidas concretas à possibilidade da salvação de Deus. Onde Jesus Cristo chegava, chegava o Reino. Onde Jesus Cristo estava, o Reino de Deus mostrava-se. Quando as pessoas tocavam em Jesus, tocavam no Reino; quando o viam, viam o Reino. Quando escutavam as suas parábolas, escutavam a gramática insuspeita do Reino. Jesus viveu sua vida como manifestação extraordinária do Reino. O Reino de Deus coincidia com a presença de Jesus, e que efeitos extraordinários essa chegada provocava em tantas vidas.

Gente que se julgava morta, que se acreditava perdida, num emaranhado de existência incapaz de deslindar... em Jesus Cristo encontrava a possibilidade de uma vida nova. Pensemos em Maria Madalena, aquela de quem Jesus retira sete demônios. Nós não fazemos ideia do que é estar possuído por sete demônios... Imaginamos é o que interiormente seja, de dispersão completa, estilhaçamento, incapacidade de estar em si. A verdade é que esta mulher, rejeitada, perdida de si mesma, encontra-se em Jesus Cristo e nele reencontra o desejo de ser. Pensemos na vida dos próprios discípulos, que com certeza já sabiam muitas coisas acerca de Deus, mas que em Jesus Cristo ouvem o que não sabiam. Eles já sabiam andar de barco no mar da Galileia, mas não sabiam andar sobre as ondas; eles já sabiam amontoar e repartir o pão, mas não sabiam multiplicá-lo, não sabiam que o pão também pode saciar uma fome interior, uma fome do coração.

Pensemos nos pecadores, naqueles que eram apontados a dedo e de quem se dizia: "não têm possibilidade de salvação." Com que surpresa Zaqueu desceu daquela árvore para acolher Jesus em sua casa. Ou Levi se levantou do seu posto de cobrança para se tornar discípulo do Senhor... Isto é o Reino de Deus presente. Isto é o Reino de Deus atuante: um Reino sem fronteiras, não segundo a lógica dos homens, mas numa torrente do amor divino que vai crescendo, como uma maré que quer tocar tudo e todos.

"O Reino de Deus já está presente no meio de vós."

Não digamos está aqui ou além. O Reino de Deus está presente como uma realidade em si. O Reino de Deus depende de Deus e não desta nossa tentação de limitar, de criar fronteiras, de separar. "Interrogado pelos fariseus sobre quando chegaria o Reino de Deus, respondeu-lhes: 'A vinda do Reino de Deus não é observável, não se pode dizer: "Ei-lo aqui", ou: "Ei-lo ali", pois eis que o Reino de Deus está no meio de vós'" (cf. Lc 17,20-21).

Este é o grande anúncio de Jesus: "O Reino de Deus está no meio de vós!". Está dentro de nós, no meio do mundo, no interior da História como semente... É este o maravilhoso tesouro a descobrir. Deus já está presente! E o que precisamos é nos tornar sensíveis a essa presença. O Reino de Deus já é uma realidade, já é um fermento... E se é verdade que o Reino de Deus representa também uma realidade escatológica, uma realidade do futuro, uma coisa que ainda há de chegar na sua plenitude, a verdade é que, embora sabendo nós que ele é dom futuro, o Reino de Deus já é uma realidade do hoje da minha vida. Hoje a minha vida está envolvida pelo Reino de Deus. "O Reino de Deus é como um homem que lançou a semente à terra. Quer esteja dormindo, quer se levante, de noite e de dia, a semente germina e cresce, sem ele saber como" (cf. Mc 4,26-27).

Como diziam os alquimistas medievais: "Sem um pingo de ouro não se consegue fabricar o ouro". Sem um pingo do Reino de Deus nós não conseguimos construir o Reino de Deus, não conseguimos pedi-lo, não conseguimos esperá-lo. O Reino de Deus é, no fundo, o resumo de toda a esperança. É aquela realidade de Deus que se entrosa misteriosamente com as esperanças mais íntimas. Porque no Reino de Deus nós temos a plenitude, temos a concretização do amor de Deus. Basta-nos o Reino de Deus e tudo o resto é acréscimo. E relativo...

Venha a nós o vosso Reino

"A Lei e os Profetas subsistiram até João; a partir de então, é anunciada a Boa-Nova do Reino de Deus, e cada qual esforça-se por entrar nele" (cf. Lc 16,16). O Reino é um dom ("Não temais, pequenino rebanho, porque aprouve ao vosso Pai dar-vos o Reino" – cf. Lc 12,32), mas é também um labor, um esforço que requer uma pacífica, mas ativa violência. Essa violência não é certamente a da espada nem a da discórdia, que é a semente do demônio. A violência de que Jesus fala significa que o Reino de Deus tem de ser em nós uma força. Precisamos de energia para edificar, passo a passo, o Reino de Deus. O Reino de Deus não acontece na passividade...

Temos de pedir: "Venha o vosso Reino, Senhor! Que o vosso Reino seja sobre todos os nossos invernos, sobre todas as nossas esterilidades, os nossos desertos, desistências e cansaços, uma primavera pujante. Uma rebentação de vida". Na verdade, o compromisso com o Reino hipoteca as nossas forças, a nossa criatividade, o nosso respirar... Dessa mansa turbulência precisamos todos os dias. Se não estivermos construindo o Reino de Deus, estamos construindo o nosso reino. Precisamos dizer um sim que seja sim, e um não que seja não. O Reino de Deus precisa dessa energia. Ele não é uma coisa que está feita, está em construção, está em devir.

O Reino de Deus pede de nós a vida inteira. Todos os nossos instantes, as nossas forças. O Reino de Deus reclama a nossa energia, o nosso suor. Não nos pede coisas, pede-nos a nós. O Reino de Deus pede que estejamos presentes. Mas, ao mesmo tempo, que não nos esqueçamos de que o Reino de Deus não é nosso. A construção do Reino de Deus hipoteca-nos e ultrapassa-nos. Nós somos guardadores do Reino, não somos donos. Somos anunciadores do Reino e não proprietários.

"Venha a nós o vosso Reino." Jesus já veio, já viveu, já se mostrou, já atuou no coração do homem. Mas hoje continua a vir, continua a fazer-se presente, continua a falar ao coração do homem, através da sua Igreja, animada pelo Espírito do Ressuscitado. A Igreja é o Sacramento de Cristo. A Igreja está unida ao mistério da Encarnação do Senhor, que ainda não acabou. Pascal dizia: "[...] o Mistério da Paixão de Cristo continua em ato até o fim dos tempos". Mas nós podemos dizer também: o Mistério da Encarnação do Senhor continua a atualizar-se até a consumação dos tempos. A missão de Jesus continua a escrever-se através de nós.

Pedir o Reino de Deus é pedir que o nome que nós carregamos, o nome de cristão, o nome de cristã, tenha de fato a vitalidade de Cristo dentro de si. E que sintamos que participamos do ministério de Cristo. Somos ungidos para tornar presente esse Reino no meio do mundo. Reino de Justiça e de Paz, Reino de Alegria e de Esperança, Reino de Perdão e de Amor, Reino de Festa, Reino de Reconciliação.

Há um poema de Sophia de Mello Breyner Andresen que pode ser lido como uma oração:

> Chamo-te porque tudo está ainda no princípio
> E suportar é o tempo mais comprido.
> Peço-te que venhas e me dês a liberdade,
> Que um só de teus olhares me purifique e acabe.
> Há muitas coisas que não quero ver.
> Peço-te que sejas o presente.
> Peço-te que inundes tudo.
> E que o teu Reino antes do tempo venha
> E se derrame sobre a terra
> Em primavera feroz precipitado.

8

Trazemos por viver ainda uma infância

"... seja feita a vossa vontade, assim na terra como no céu"

A primeira vez que aparece na Bíblia a fórmula "faça-se" é logo na página de abertura: "Seja feita", "faça-se" (cf. Gn 1,1-31). E essa palavra é dita pelo próprio Deus. Ele vai dizendo: "Faça-se luz", e houve luz. E Deus viu que a luz era boa. Deus disse: "Faça-se uma tarde e uma manhã", e houve o primeiro dia. Deus disse:

"Façam-se luzeiros no firmamento do céu", e aconteceram os luzeiros. E assim por diante.

Por detrás de cada coisa criada existe o "faça-se" de Deus, o seu "sim". Não há nada, desde a erva do campo à solitária montanha, do animal potente ao farrapo de nuvem, do raio da aurora à parcela da noite, que não seja a espantosa consequência de um "sim" do Criador. Por detrás de cada criatura pode-se ouvir a música do chamamento amoroso de Deus. Com razão Francisco de Assis pressentia uma fraternidade universal, chamando irmãos à água e ao sol, à chuva e ao fogo. Se pensarmos bem, só se pode contemplar a vida e a criação de joelhos. Por todo lado ressoa a extraordinária vinda de Deus. Palavras certíssimas as que o poeta Walt Whitman canta: "Creio que uma folha de erva não vale menos do que a jornada das estrelas.../E que o sapo é uma obra-prima para o mais exigente.../E que um rato é milagre suficiente para fazer vacilar milhões de infiéis".

Saint-Exupéry explicava: "O que torna belo o deserto é que ele em algum lado esconde um poço". O que nos torna belos a nós e acende igual beleza ao nosso redor? Este segredo que a vida esconde: o latejar de Deus, a sua pulsão desabalada. Quando percebemos isso, ficamos acreditando para sempre que a criação é a grande catedral de Deus! É o grande sacrário de Deus, um santuário natural, onde Deus está verdadeiramente presente. Tudo é "Faça-se", tudo é epifania da sua vontade.

É o que Teilhard de Chardin deixou escrito nesse espantoso testamento espiritual que é a sua *Missa sobre o mundo*:

> Senhor, já que uma vez ainda, não mais nas florestas da França, mas nas estepes da Ásia, não tenho pão nem vinho, nem altar, eu me elevarei acima dos símbolos até a pura

majestade do Real, e vos oferecerei, eu, vosso sacerdote, sobre o altar da terra inteira, o trabalho e o sofrimento do mundo... O sol acaba de iluminar, ao longe, a franja extrema do primeiro oriente. Mais uma vez, sob a toalha móvel de seus fogos, a superfície viva da terra desperta, freme, e recomeça seu espantoso trabalho. Colocarei sobre a minha patena, meu Deus, a messe esperada desse novo esforço. Derramarei no meu cálice a seiva de todos os frutos que hoje serão esmagados...

Meu cálice e minha patena são as profundezas de uma alma largamente aberta a todas as forças que, em um instante, vão elevar-se de todos os pontos do globo e convergir para o Espírito. – Que venham, pois, a mim, a lembrança e a mística presença daqueles que a luz desperta para uma nova jornada!...

Outrora, carregava-se para vosso templo as primícias das colheitas e a flor dos rebanhos. A oferenda que esperais agora, aquela de que tendes misteriosamente necessidade cada dia, para aplacar vossa fome, para acalmar vossa sede, não é nada menos do que o crescimento do mundo impelido pelo devir universal... Recebei, Senhor, esta hóstia total que a criação, movida por vossa atração, vos apresenta à nova aurora. Este pão, nosso esforço, não é em si, eu o sei, mais do que uma degradação imensa. Este vinho, nossa dor, não é ainda, ai de mim, mais do que uma dissolvente poção. Mas, no fundo dessa massa informe, colocastes – disso estou certo, porque o sinto – um irresistível e santificante desejo que nos faz a todos gritar, desde o ímpio ao fiel: "Senhor, fazei-nos Um!".

A dança interminável da criação

A linguagem do poema do Gênesis torna-se repentinamente mais solene quando fala do ser humano. Em vez do "Faça-se", Deus disse: "Façamos...", recorrendo a um plural misterioso. "Façamos o ser humano à nossa imagem, à nossa semelhança..." (cf. Gn 1,26). E daí surgimos nós, de uma maneira que não sabemos, caberá à ciência explicar, mesmo se dificilmente se venha a dissipar o enigma. O que importa, para a sabedoria da Fé, é que, qualquer que tenha sido a forma da nossa aparição sobre a terra, no princípio está o "Faça-se" de Deus. Existimos graças a esse "sim".

A Encarnação de Jesus Cristo foi a segunda criação, como recordam os Padres da Igreja, uma autêntica recriação da paisagem do mundo e do homem. O mundo já não é só o cosmo original, mas um mundo redimido. Não somos apenas a estirpe do Adão. "'Eu renovo todas as coisas', diz o que está sentado no Trono" (cf. Ap 21,5). "Todos vós sois filhos de Deus em Cristo Jesus, mediante a fé; pois todos os que fostes batizados em Cristo, revestistes-vos de Cristo mediante a fé. Não há judeu nem grego; não há escravo nem livre; não há homem e mulher, porque todos sois um só em Cristo Jesus" (cf. Gl 3,26-28). O mistério desta segunda criação do mundo depende também de vários "Faça-se". Temos o "Fiat" de Maria! Maria que diz: "Eis a serva do Senhor, faça-se em mim segundo a tua palavra" (cf. Lc 1,38). A disponibilidade de Maria permitiu o mistério da Encarnação e uniu-a de uma maneira inseparável, como uma túnica sem costura, ao Mistério salvífico do seu próprio Filho. A vida de Maria pode ser lida em duas partes: antes dessa palavra e depois dela. A chave da sua vida foi este "Faça-se em mim o que é a sua vontade".

E temos, claro, o "Faça-se" permanente de Jesus. Confessa ele aos seus discípulos: "O meu alimento é fazer a vontade daquele que me enviou e consumar a sua obra" (cf. Jo 4,34). Precisamente no momento da consumação, às portas da sua Páscoa, temos o "Faça-se" decisivo de Jesus:

> Caiu com a face por terra, orando e dizendo: "Meu Pai, se é possível, afaste-se de mim este cálice. No entanto, não seja como eu quero, mas como tu queres". Afastou-se, pela segunda vez, e foi orar, dizendo: "Meu Pai, se este cálice não pode passar sem que eu o beba, faça-se a tua vontade!" (cf. Mt 26,39.42).

Na belíssima meditação deste passo que faz a Carta aos Hebreus, podemos ler:

> [...] ao entrar no mundo, Cristo diz: "Tu não quiseste sacrifício nem oferenda, mas preparaste-me um corpo. Não te agradaram holocaustos nem sacrifícios pelos pecados. Então, eu disse: Eis que venho – como está escrito no livro a meu respeito – para fazer, ó Deus, a tua vontade" (cf. Hb 10,5-7).

Mas a dança da criação continua. A cada dia, ao rezarmos o *Pai-Nosso*, temos também oportunidade de dizer o nosso "Fiat". Temos, aliás, absoluta necessidade disso. Ainda o autor da Carta aos Hebreus: "Na realidade, tendes necessidade de perseverança, para que, cumprindo a vontade de Deus, alcanceis a promessa. Pois ainda um pouco, de fato, um pouco apenas, e o que há de vir, virá e não tardará" (cf. 10,36-37). Será que a nossa vida pode ser dividida em dois segmentos: antes e depois de dizermos este "Faça-se"? Mesmo no espaço de um dia, será que se pode divisar claramente o que foi o nosso dia até rezarmos o *Pai-Nosso* e o que passou a ser depois?

O cristão é uma hipérbole no mundo

De fato, não é pouco aquilo em que a gente se mete. O *Abbé* Pierre, quando chega aqui, no seu comentário ao *Pai-Nosso*, diz mais ou menos isto:

> Só uma pessoa que perdeu a cabeça é que pode dizer semelhante coisa, porque é entregar os trunfos, comprometer as suas forças; é abrir as portas a uma ventania que desarruma tudo; é dar um banquete a um esfomeado que é Deus, a um esfomeado de amor. Dizer "Faça-se" é franquear as portas da nossa vida a Alguém que quer tudo. A Fé tem dimensões que arruínam completamente a sensatez e o bom senso.

A vontade de Deus não se cumpre sem nós. Há uma aceitação, há esse salto ou sobressalto da Fé que depende da nossa liberdade. Temos de dizer, com plena vontade, "seja feita a vossa vontade". Rezar é sempre conspirar por um acontecer. Tivemos a primeira criação, tivemos a segunda criação, com a Redenção do Senhor. E hoje há uma nova criação ocorrendo, não tenhamos dúvidas. Hoje, no Espírito, há uma nova criação em ato. O mundo é o mesmo, porque nós queremos. Deus nos dá tudo para recriarmos o mundo infinitamente, a começar por aquele que nos é mais próximo. Deus abre portas novas neste mundo através da nossa colaboração com a sua vontade. Tal como Maria, que tornou, com a sua disponibilidade, Deus insuspeitamente concreto na história dos homens, também cabe a nós trocar Deus "por miúdos", trazê-lo à luz, apresentá-lo, presentificá-lo de novo. Ficamos demasiadas vezes agarrados ao que é velho, ao homem velho que, como diz São Paulo, "subsiste dentro de nós". Esquecemo-nos de que "a criação inteira se encontra em expectativa ansiosa, aguardando a revelação dos filhos de Deus" (cf. Rm 8,19).

Qual é a vontade de Deus? A vontade de Deus é o Amor. O nosso único dever é o Amor. E, quando a gente diz: "Seja feita a vossa vontade", sabe de antemão que isso significa: "Seja cumprido, atualizado, redesenhado o Amor". Nesse sentido, Paulo de Tarso é um homem que sai fora de órbita (cultural, epocal...). Sendo educado na Lei judaica e dando muita importância a um cumprimento legalista, rígido e intransigente da Lei, quando descobre Jesus Cristo perde completamente o chão (ou aquele chão). Não conseguimos acompanhá-lo sem nos darmos conta da desmesura da sua interpretação do evento cristão. É assim no "Hino ao Amor" de 1Cor 13, que ele introduz com estas palavras: "Vou mostrar-vos um caminho que ultrapassa todos os outros (literalmente: vou mostrar-vos um caminho hiperbólico!)" (cf. 1Cor 12,31). De fato, o cristão é chamado a tornar-se uma hipérbole no mundo. O texto paulino serve-nos de mapa:

> Ainda que eu fale as línguas dos homens e dos anjos, se não tiver amor, sou como um bronze que soa ou um címbalo que retine. Ainda que eu tenha o dom da profecia e conheça todos os mistérios e toda a ciência, ainda que eu tenha tão grande fé que transporte montanhas, se não tiver amor, nada sou. Ainda que eu distribua todos os meus bens e entregue o meu corpo para ser queimado, se não tiver

amor, de nada me aproveita. O amor jamais passará. As profecias terão o seu fim, o dom das línguas terminará e a ciência vai ser inútil. Agora permanecem estas três coisas: a fé, a esperança e o amor; mas a maior de todas é o amor.

Lembra aquela história oriental:

Um discípulo foi procurar o seu professor de meditação, cheio de tristeza, quase desistindo, e confessou-lhe:
— A minha prática de meditação é um fracasso! Ou me distraio completamente, ou as pernas me doem, ou me entrego ao sono.
— Isso passará – disse o mestre suavemente.
Uma semana depois, o mesmo estudante voltou à presença do mestre, mas agora eufórico:
— A minha prática de meditação tornou-se maravilhosa! Sinto-me tão vigilante e tão pacificado. É simplesmente extraordinário.
O mestre respondeu-lhe com a mesma tranquilidade:
— Isso também passará.

São Paulo radicaliza: "tudo vai passar". Exceto o amor, a caridade. Então, que esse amor seja colocado como programa, prioridade, urgência. Um amor que nos chama a amar, não pelo nosso coração, mas pelo coração de Deus. Quando a nossa vontade se abre à vontade de Deus, o amor torna-se a sinfonia silenciosa da vida, a sua exalação humilde e profusa, o seu perfume. Mesmo sabendo que o amor verdadeiro é crucificante. Amando, não vamos amontoar, certamente ficaremos mais pobres, ficaremos velhos mais cedo, gastamo-nos e perdemo-nos. A medida do amor é dar-se sem medida. É um contrassenso pensar que o amor tem um horário, um turno, um guichê. Quem ama vive na atenção solícita, tem antenas, sensores, olhos que não se habituam nem conformam ao desamor. Como dizia Fernando Pessoa, "triste de quem está contente".

Nós somos capazes disto, podemos dizer com audácia: "Faça-se a vossa vontade assim na terra como no céu" porque Deus também nos enche de uma medida transbordante de Amor. E repete-nos:

> Ama-me como tu és, a cada instante e na posição em que te encontras, no fervor ou na secura, na fidelidade ou na infidelidade. Se primeiro tu esperas tornar-te perfeito para só então começares a me amar, não me amarás nunca. Eu só não te permito uma coisa, que não me ames. Ama-me, tal como és. Eu quero o teu coração esfarrapado, o teu olhar indigente, as tuas mãos vazias e pobres. Eu te amo até o fundo da tua fraqueza. Eu amo o Amor dos pobres. Eu quero ver crescer, no fundo da tua miséria, o Amor e só o Amor. Se para me amar tu esperas primeiro ser perfeito, nunca me amarás. Ama-me como és!

"Seja feita a vossa vontade, Senhor": que eu seja pobre nas suas mãos, que eu não tenha medo do meu coração esfarrapado, do meu olhar indigente, das minhas horas vazias e pobres. Que eu confie no Amor, que eu viva "por dentro do amor, até somente ser possível amar tudo,/e ser possível tudo ser reencontrado por dentro do amor" (Herberto Hélder).

Trazemos por viver ainda uma infância

Se olharmos para o enredo natalício, mesmo no modo sóbrio como os Evangelhos o relatam, percebemos que nada é cor-de-rosa. O que os seus atores vão viver é uma história de instabilidade, perturbação e desconcerto. "O que é que nos aconteceu?" – ter-se-ão perguntado repetidas vezes Maria e José, mas também os pastores acordados em sobressalto, ou os magos vindos de longe. "O que é que nos aconteceu?" E não tinham à mão (como nós não temos) tranquilizantes respostas, mas sim um caminho que lhes era proposto na surpresa, na maturação paciente e na confiança. O próprio local onde a cena se desenvolve, um modestíssimo piso térreo que servia de refúgio aos animais, mostra bem a implacável dureza das circunstâncias. Mas, de outra maneira, como é que esta divina história poderia servir de modelo para todas as histórias humanas?!

O Natal de Jesus, o mistério da sua encarnação, reconfigura radicalmente a condição humana, porque deposita nela inventivas possibilidades. Estamos habituados a ver no inelutável ciclo das estações – primavera, verão, outono, inverno – o modelo da própria vida. Julgamo-nos chegados, cada vez mais chegados, de uma primavera ou de um verão que julgávamos invencíveis ao irremediável obscurecer do outono ou à íngreme solidão da paisagem invernal. O nascimento humano de Deus inaugura, porém, um esperançoso contraciclo: a nossa vida deixa de explicar-se como uma marcha do nascimento para a morte para efetivar-se na imagem de um incessante renascer. Contemplando a manjedoura do Deus Menino, qualquer que seja a nossa idade e o peso dos nossos anos, sentimos como real aquele verso de Pedro Homem de Mello: "a minha [a nossa] infância ainda não morreu". De fato, a infância não é uma nostálgica trégua que o nosso passado encerrou, mas o futuro que um modo novo de entender a história nos entreabre. Trazemos por viver ainda uma infância.

9

É de vida partilhada que as nossas vidas se alimentam

"O pão nosso de cada dia nos dai hoje,..."

É impressionante constatar, num mundo hipertecnológico e sofisticado como o nosso, a força simbólica que continuam a ter as coisas simples. Pensemos no pão. O seu apelo e significado atravessam culturas e gerações. O pão tornou-se um símbolo extraordinário e universal... Foi assim para os nossos avós, é assim para nós... Lembro-me de quando era criança, se um pão caía da mesa, apanhávamo-lo e dávamos um beijo, mesmo se já não o pudéssemos comer. Para lá da carga simbólica, o pão revestia-se de um sentido sagrado. Penso que é assim porque o pão é uma expressão concreta da nossa própria humanidade. O pão não é só farinha, fermento, água e sal. É muito mais do que isso. O pão é sinal do que é essencial à vida, de tudo aquilo de que a nossa sobrevivência depende, e sem o qual não conseguiríamos existir. Representa os fios que nos atam à vida e que nos mantêm à flor da terra. Por isso, descobrimos que o seu significado se alarga continuamente.

O pão também traduz a condivisão, a comunhão, a fraternidade... Haver um único pão e poder dividi-lo em frações; tomar de um mesmo pão para alimentar os diferentes comensais que rodeiam uma mesa... O pão não é só pão. Ele é também o testemunho visível da arte da fraternidade. Na raiz de palavras que nos são tão caras, como "companhia", "companheiro", "acompanhamento", está o pão, o *com--panis*, o comer o mesmo pão. Dizer a alguém: "Tu és o(a) companheiro(a) da minha vida" significa que há uma partilha do que é alimento, do que dá vida. E do trabalho, que nos torna cocriadores com Deus, e coartífices da criação, dizemos: é o meu ganha-pão. O pão é alguma coisa de vital.

Por vezes, ocupamo-nos a pedir a Deus coisas secundárias, uma espécie de berloques ou de espuma. E a nossa oração aprisiona-se à vidinha que vai correndo... E esquecemo-nos muitas vezes de colocar Deus no meio das lutas, no meio das buscas por aquilo que nos é mais essencial. Nós podemos perguntar: "Mas vou pedir a Deus o pão? O pão, se eu não trabalhar, não é Deus que mo vai dar. Tenho de pedir a Deus o que não consigo pelas minhas forças!". Contudo, o que Jesus nos ensina é que temos de pedir a Deus aquilo que conseguimos, ou, dito de outra maneira, pedir que ele dê um sentido outro àquilo que nós vamos conseguindo e o torne genuinamente essencial.

Jesus ensina-nos a pedir a Deus, a pedir ao Pai, que o pão não seja apenas pão, pura materialidade, mas que o nosso pão fale, seja uma espécie de sacramento, seja expressão de tudo aquilo que, no fundo, procuramos e que o Senhor nos vai dando, também em termos espirituais. Temos de pedir a Deus que o nosso pão reúna e não separe. Que o nosso pão seja verdadeiramente "Pão": lugar onde as pessoas se sentam à volta e não o que acontece tantas vezes, quando o pão se torna aquilo que distingue e afasta. Pedir a Deus que o nosso pão celebre, evidencie a gratidão por Deus e o nosso Amor pelos outros.

Pedir a Deus que o "pão de cada dia" não faça bem só ao estômago, mas também à alma e ao coração. Isto é, que o pão se possa revestir de um sentido tão humano que seja divino. Que o que em cada dia vamos construindo tenha um sentido transcendente e não seja apenas uma coisa muda, que nada diz. Que o trabalho não seja apenas uma atividade mecânica e obrigatória, mas que se pressinta nele algo mais: o Amor de Deus, o coração de Deus, a vida de Deus.

Nós rezamos: "o pão nosso" porque, quando só eu tenho pão, é uma coisa muito triste. É um pão que não nos desce pela garganta. O pão da solidão não tem metade do sabor, ou um centésimo da alegria. Nós pedimos a Deus o nosso pão, o pão de todos, o pão para todos.

Uma das mais antigas imagens da Igreja, guardadas na *Didaqué*, desenha-a assim: "Tal como as várias espigas de trigo nascem em campos muito diferentes e depois são moídas para fazer um único pão, vindo de searas diferentes, assim, Senhor, é a tua Igreja, que, vinda de lugares muito diferentes, se reúne num único pão, o pão do Senhor". Pedir o "pão nosso" é pedir por essa fraternidade. É rogar não apenas pela minha seara, mas por todas as searas. E é comprometer-se em amassar um único pão, capaz de saciar os outros.

Pedir fome para os que têm pão

Há uma paráfrase a esta petição do *Pai-Nosso* que me faz sempre estremecer, pois penso no quanto nos responsabiliza a todos. É um verso de José Agostinho Batista que diz: "O pão nosso de cada dia que não me dás hoje".

O *Pai-Nosso* é uma oração de compromisso, é uma oração de empenhamento também político no mundo, não é uma prece intimista. Se eu rezar o *Pai-Nosso*, tenho de rezar pelo pão de todos, daqueles que estão e não estão ao meu lado. Rezar o *Pai-Nosso* torna-me responsável pelo estado do mundo. Nas Comunidades de Emaús, fundadas pelo *Abbé* Pierre, à mesa, reza-se esta oração: "Senhor, ajudai-nos a procurar o pão para os que têm fome e a procurar fome para os que têm pão". Procurar o pão para os que têm fome... Buscar aquilo que é essencial à vida, material e espiritual. Procurar fome para aqueles que têm pão... para aqueles que estão satisfeitos, que vivem na sua redoma esquecendo os outros, para aqueles que podiam fazer alguma coisa e não fazem, para aqueles que nunca pensaram no *Pai-Nosso* como uma oração que nos empurra para a fraternidade, necessariamente. O pão é o símbolo dessa fraternidade. Não é apenas o resultado da fraternidade, mas deve provocá-la, reinventá-la.

Hoje em dia, há uma tradição (na verdade, uma ferramenta espiritual) que caiu quase em desuso, e que seria importante redescobrir: trata-se do *jejum*. Vivemos triturados na digestão que o mundo faz de nós. Rapidamente o *Ser* fica relegado e substituído pela corrida ao *Ter*. Corremos de um lado para outro, reféns e instrumentos, mais do que autônomos e criativos. Ora, o jejum (por exemplo: comer menos ou evitar o supérfluo, consumir menos, criticar menos etc.) corresponde a um ato espiritual, pois amplia o campo da nossa liberdade. Sem darmos conta, são tantas as correntes que nos prendem e as dependências que diminuem a nossa capacidade de tecer práticas fraternas! O jejum, ao adotar um estilo mais frugal, cria novas disponibilidades, possibilita um melhor exercício do discernimento, melhora até mesmo o sentido de humor... e dispõe-nos à solidária partilha com os mais pobres.

O elogio do provisório

Nós rezamos: "O pão nosso de cada dia", de cada dia... Quando o povo saiu do Egito e começou a sua caminhada no deserto, por quarenta anos, até o monte Sinai, recebia todos os dias uma porção de pão, que era o *maná*, mas recebia apenas a quantidade necessária para aquele dia. Recuperemos o texto:

> A camada de orvalho levantou, e eis que à superfície do deserto havia uma substância fina e granulosa, fina como geada sobre a terra. Os filhos de Israel viram e disseram uns aos outros: "Que é isto?", pois não sabiam o que era aquilo. Disse-lhes Moisés: "Isto é o pão que o Senhor vos

deu para comer. Foi isto que o Senhor ordenou: 'Recolhei cada um conforme o que comer, um gómer [jarro] por cabeça, segundo o número das vossas pessoas, recolhei cada um conforme os que estejam na sua tenda'". Assim fizeram os filhos de Israel, e recolheram, uns muito, outros pouco. Mediam com o gómer, e não sobejava a quem tinha muito nem faltava a quem tinha pouco. Cada um tinha recolhido conforme o que comia. Disse-lhes Moisés: "Ninguém o guarde até de manhã". Contudo, alguns não escutaram Moisés, e guardaram-no até de manhã; mas ganhou vermes e cheirava mal. E Moisés irritou-se contra eles. Recolhiam-no todas as manhãs, cada um conforme o que comia (cf. Ex 16,14-21).

Quando caminhamos, não podemos ir com demasiados pesos, senão não chegamos longe. O viajante ou o peregrino têm de aceitar fazer a experiência de viver daquilo que é de cada dia. Isto é que é viver de Deus. Em cada dia temos Deus. Por isso, não podemos fazer como aquele homem da parábola, que enche os seus celeiros de pão e depois diz: "Agora, minha alma, tens os celeiros cheios, descansa", descansa à tua vontade. O Senhor diz: "Insensato, nesse dia o Senhor virá buscar a tua alma e o que é que tu terás diante de Deus?".

Se queremos ser nômades de Deus, se queremos viver dele, temos de criar uma liberdade muito grande em face das coisas. A verdade é que elas nos aprisionam. O que possuímos rapidamente nos possui a nós. Para o cristão, um estilo de vida frugal testemunha melhor do que mil palavras a Fé em Deus. Estamos mergulhados num tempo em que tudo nos empurra para a competição..., onde o desnecessário nos é impingido pela publicidade como absolutamente necessário à nossa felicidade.

O Evangelho ensina-nos não a amontoar, mas a multiplicar. Jesus revela-nos as possibilidades de vida que um único pão esconde. Com um só pão podemos fazer muita coisa, se aprendermos a arte de multiplicar a vida. Multiplicar a generosidade, a solidariedade, a ternura, a capacidade de sofrer com os outros e de se pôr no seu lugar... Assaltam-nos tantas dúvidas: será que devo dar, será que não devo, será que não estou habituando mal as pessoas, será que... e é verdade que temos de nos pôr estas questões. A esmola automática pode ser uma maneira de afastar rapidamente o outro. "Toma lá a esmola. Vai-te embora!" Jesus, na multiplicação dos pães, o que faz?

> Ele perguntou: "Quantos pães tendes? Ide ver". Depois de se informarem, responderam: "Cinco pães e dois peixes". Ordenou-lhes que os mandassem sentar por grupos na erva verde. E sentaram-se, por grupos de cem e cinquenta. Jesus tomou, então, os cinco pães e os dois peixes e, erguendo os olhos ao céu, pronunciou a bênção, partiu os pães e dava-os aos seus discípulos, para que eles os repartissem. Dividiu também os dois peixes por todos (cf. Mc 6,38-41).

A comensalidade é o comer com, partilhar o essencial, partilhar a vida, a palavra, a ternura, prolongar a presença.

Todas as vidas são pão

Todas as vidas cabem na imagem cotidiana, quase trivial, do pão que se parte e reparte. Porque as vidas são coisas semeadas, crescidas, maturadas, ceifadas, trituradas, amassadas: são como pão. Porque não apenas degustamos e consumimos o mundo: dentro de nós vamos percebendo que o mundo, que o tempo, também nos consome, nos gasta, nos devora. Por boas e por más razões ninguém permanece inteiro. Somos uma massa que se quebra, um miolo que se esfarela, uma espessura que diminui.

A questão é saber com que consciência, com que sentido, com que intensidade vivemos este tráfico inevitável. Todos nos gastamos, certo. Mas em que comércios? Todos sentimos que a vida se parte. Mas como tornar esse fato trágico numa forma de afirmação fecunda e plena da própria vida?

Por isso espantam as palavras de Jesus que em cada Eucaristia são recordadas. Ele pegou no pão e disse: "Tomem e comam dele, pois este pão é o meu corpo entregue por vós". A Eucaristia, por vezes repetida como mero culto devoto, rotineiro signo de uma pertença ritual, é, na verdade, o lugar vital da decisão sobre o que fazer da vida. Todas as vidas são pão, mas nem todas são Eucaristia, isto é, oferta radical de si, entrega, doação, serviço. Todas as vidas chegam ao fim, mas nem todas vão até o fim no parto dessa vitalidade (humana e divina) que trazem inscritas. É dessas coisas que a Eucaristia fala.

Jesus é o nosso pão, e quando rezamos: "o pão nosso de cada dia nos dai hoje" estamos pedindo ao Pai que nos dê Jesus, que nos traga Jesus.

E Jesus respondeu-lhes: "Em verdade, em verdade vos digo: não foi Moisés que vos deu o pão do céu, mas é o meu Pai quem vos dá o verdadeiro pão do céu, pois o pão de Deus é aquele que desce do céu e dá a vida ao mundo". Disseram-lhe então: "Senhor, dá-nos sempre desse pão!". Respondeu-lhes Jesus: "Eu sou o pão da vida. Quem vem a mim não mais terá fome, e quem crê em mim jamais terá sede" (cf. Jo 6,27-35).

Alimentamo-nos uns dos outros. Somos uns para os outros, na escuta e na palavra, no silêncio e no riso, no dom e no afeto, um alimento necessário, pois é de vida (e de vida partilhada) que as nossas vidas se alimentam.

10

Deus tem fé em nós
"... perdoai-nos as nossas ofensas..."

Lembro-me de um filme de Nanni Moretti, acho que é *O quarto do filho*, em que uma personagem, vivendo um duro luto, se coloca a arrumar no armário as xícaras de chá. Percebe, então, que uma tem um lado partido. Tenta disfarçar o fato, colocando visível apenas o lado intacto. Mas ela sabe que àquela xícara falta alguma coisa. Aquela xícara é o símbolo da sua vida, da nossa vida, feita de perdas, de lacunas, de esboroamentos que não conseguimos ocultar. Há uma inteireza que se quebra, uma unidade que rompe, uma alegria que, corroída, se dispersa.

É verdade que se pode fazer tudo para não pensar. Vivemos num tempo marcado pelo automatismo e cria-se a ilusão de que a vida se resolve apertando um botão. Para abrir uma porta, serve um botão qualquer, e a porta abre-se; para acender uma luz, para as tarefas básicas ou complexas, basta apertar um dispositivo e as coisas fazem-se. É tudo muito rápido, imediato, indolor, exigindo o mínimo esforço, sem aborrecimentos nem sacrifícios. Com o menor dispêndio de energia, mantemos a vida aparente. Cada vez mais os bens de consumo são-nos apresentados como substitutos dos caminhos humanos que temos necessariamente de fazer. Basta ver, com atenção crítica, a publicidade que nos é servida em doses colossais: "Compre o carro X: vai sentir-se renovado, corajoso, finalmente realizado", quando sabemos que a coragem e a realização são consequências de caminhadas, de escolhas, de uma paciente maturação com altos e baixos, avanços e recuos... Não, não basta comprar o carro para nos sentirmos assim. Não basta comprar o sofisticado perfume para se tornar uma pessoa encantadora. Não basta o novo eletrodoméstico...

    O grande risco é o de nos deixarmos mergulhar numa vida inautêntica, uma vida que não é vida, feita de imagens e de aparências. O que passa a contar, no fundo, é a ilusão que se projeta e que é preciso salvar a todo o custo. Hoje muita gente parece mais interessada em salvar as aparências do que em salvar-se a si própria. Num vazio sempre mais amplo, a imitação acaba por obscurecer o original. E assistimos ao triunfo da sociedade do espetáculo, gerida por uma ética provisória e funcional, que não chega a tocar o homem. As grandes questões da vida são remetidas para a estratégia do mercado, para os conselheiros de imagem ou de etiqueta. A aventura humana torna-se uma aventura dentro de uma cápsula, de um simulador, e não chega a ser uma história realmente exposta ao que ela é. Por isso, há tantos que, vivendo continuamente consumindo sensações, dizem: "Ah... se pelo menos eu conseguisse sentir, se pelo menos eu conseguisse sentir alguma coisa". A grande questão é esta: "Será que eu conseguirei?", "será que, tendo eu ofendido a vida, poderei voltar a vivê-la de forma reconciliada?".

Alguém que nos olhe com esperança

Precisamos de alguém que nos olhe com esperança. Michelangelo dizia que as suas esculturas não nasciam de um processo de invenção, mas de libertação. Ele olhava para as pedras toscas, completamente em bruto, e conseguia ver aquilo em que se podiam tornar. Por isso, ao descrever o seu ofício, o escultor explicava: "O que eu faço é libertar". Estou convencido de que as grandes obras de criação (também a da criação e da recriação do Homem) nascem de um processo semelhante, para o qual não encontro melhor expressão do que esta: exercício de esperança. Sem esperança só notamos a pedra, o caráter tosco, o obstáculo fatigante e irresolúvel. É a esperança que entreabre, que faz ver para lá das duras condições a riqueza das possibilidades ainda escondidas. A esperança é capaz de dialogar com o futuro e de aproximá-lo. A nossa existência, do princípio ao fim, é o resultado de uma profissão de fé.

Tudo e todos somos caminho, experiência do inacabado, indagação no incompleto, dureza e opacidade da pedra. As obras-primas não irrompem de geração espontânea. São o fruto desta gestação paciente e lentíssima onde estamos. Mas sem a esperança, sem este ato de crer, este ato de amor, nenhuma obra-prima existe. Cada uma das peças de Michelangelo exigia, certamente, mármore selecionado, mas também muita esperança. O mármore podia até ser de melhor ou pior qualidade, como o provam as célebres esculturas inacabadas dos escravos que estão no Museu do Louvre. Mas a esperança é que nunca pode decrescer. Tanto nas menores quanto nas maiores coisas encontramos o mesmo chamamento à esperança. Naquele que é talvez o mais belo poema sobre a esperança, Charles Péguy afirma: "A fé que mais me agrada é a esperança".

Deus tem fé no homem

Há aquele dia em que o profeta Jeremias vai, também ele, meditar no trabalho do escultor: "Palavra que o Senhor dirigiu a Jeremias, nestes termos: 'Vai e desce à casa do oleiro, e ali escutarás a minha palavra'. Fui, então, à casa do oleiro, e encontrei-o trabalhando no torno. Quando o vaso que estava modelando não lhe saía bem, retomava o barro com as mãos..." (cf. Jr 18,1-4). "Retomava o barro." Deus é o oleiro, o que não deita fora o barro, apesar dos fracassos da forma. Desde o princípio foi assim: "[...] o Senhor Deus plasmou o homem do barro da terra e insuflou-lhe pelas narinas o sopro da vida, e o homem transformou-se num ser vivo" (cf. Gn 2,7). O Deus bíblico recusa-se a abandonar o homem. Mesmo se reconhece a fragilidade extrema em que a nossa liberdade se constrói ("O vosso amor é como a nuvem da manhã, como o orvalho matutino que logo se dissipa" – cf. Os 6,4), ele não desiste de crer, de confiar, de esperar ("Como poderia abandonar-te, ó Efraim? Entregar-te, ó Israel? O meu coração dá voltas dentro de mim, comovem-se as minhas entranhas. Não desafogarei o furor da minha cólera..." – cf. Os 11,8-9). Penso no belo título da obra de Hans Urs von Balthasar, *Deus espera por todos*. Nós somos incessantemente esculpidos por esta esperança multiplicada ao infinito, por esta disposição à recriação amorosa da sua própria obra. Ainda o que está gravado no Livro de Oseias: "Eis que vou seduzi-la de novo: ao deserto a conduzirei, para lhe falar ao coração. Dar-lhe-ei, então, as suas vinhas, e o vale de Acor será como porta de esperança. Aí ela sentirá recuperar-se o tempo da juventude" (cf. 2,16-17).

Deus toma a iniciativa da libertação: ele vê, ele ouve a situação do homem, ele vem ao nosso encontro para nos libertar. Para nos arrancar da terra do exílio, de uma vida que não é vida, sequestrada pela escravidão. Deus se compadece da nossa realidade. Deus liberta e salva pessoas concretas que ousam assumir a concretude da sua vida tal como ela é, no seu mal, nos seus embaraços, nos limites que nos tornam um joguete de incontáveis escravidões. Deus não salva o que parecemos ser, o que fingimos ser: Deus salva aquilo que somos, porque é nisso que ele acredita, porque é isso que ele ama. Esta libertação profunda que Deus opera com o perdão é, assim, uma verdadeira recriação, um infatigável chamamento à vida. Uma vez vi, grafitada, num muro, uma pergunta: "Acreditam na vida antes da morte?". Foi um baque. Claro que alarga infinitamente o horizonte acreditar que há vida depois da morte. Contudo, se eu, por algum motivo, desistir de confiar que existe vida (isto é, possibilidade de vida verdadeira) antes da minha morte, tudo fica estranho, escuro e perdido. Deus não desiste do homem.

Aprendemos a perdoar no amor com que somos amados

"Vede que amor tão grande o Pai nos concedeu", desafia o autor da Primeira Carta de João (cf. 3,1). Só percebe a necessidade do perdão quem experimenta a força extraordinária do Amor. Quem descobre como Deus esteve sempre a seu lado, como Deus o abraçou quando esteve caído, como Deus o vai conduzindo a uma maior fortaleza, a um maior compromisso de Amor. É preciso colocar-se dentro do mistério do Amor para perceber o significado e o alcance do perdão. Damos por nós fazendo demasiadas contas, sempre retraídos, somando, subtraindo, julgando... Quando o mistério do perdão se saboreia simplesmente dentro do Amor. Primeiro deve brotar a consciência de que se é amado, e é essa que nos abre à necessidade e ao desejo do perdão de Deus. São Paulo deixa isso bem claro na Carta aos Romanos, quando desliga o perdão de qualquer merecimento. A oferta do perdão revela, sim, a gratuidade do Amor, a sua desmesura. "É que não há diferença alguma: todos pecaram e estão privados da glória de Deus. Sem o merecerem, são justificados pela sua graça, em virtude da redenção realizada em Cristo Jesus" (cf. Rm 3,22-24).

Alguns encontros de Jesus são exemplares. Ele é o Mestre do perdão porque leva o amor precisamente aos corações onde se tinha instalado o impossível do amor, a descrença mais irremediável.

> Tendo entrado em Jericó, Jesus atravessava a cidade. Vivia ali um homem rico, chamado Zaqueu, que era chefe de cobradores de impostos. Procurava ver Jesus e não podia, por causa da multidão, pois era de pequena estatura. Correndo à frente, subiu em um sicômoro para vê-lo, porque Jesus devia passar por ali. Quando chegou àquele local, Jesus levantou os olhos e disse-lhe: "Zaqueu, desce depressa, pois hoje tenho de ficar em tua casa". Ele desceu imediatamente e acolheu Jesus, cheio de alegria. Ao verem aquilo, murmuravam todos entre si, dizendo que tinha ido

hospedar-se em casa de um pecador. Zaqueu, de pé, disse ao Senhor: "Senhor, vou dar metade dos meus bens aos pobres e, se defraudei alguém em qualquer coisa, vou restituir-lhe quatro vezes mais". Jesus disse-lhe: "Hoje veio a salvação a esta casa, por este ser também filho de Abraão; pois o Filho do Homem veio procurar e salvar o que estava perdido" (Lc 19,1-10).

O motor da transformação de Zaqueu foi a manifestação de um amor imenso e imerecido que Jesus, contra todas as expectativas, colocou ao seu alcance.
"Oh, que profundidade de riqueza, de sabedoria e de ciência é a de Deus!" (cf. Rm 11,33)
E Deus não nos quer dar outra coisa que o seu perdão, acreditemos. Deus não nos quer dar outra coisa! A imagem de Deus que nos é relatada por Jesus é de um Pai que perdoa. Imaginemos o escândalo que Jesus provocou ao contar a parábola do filho pródigo (Lc 15,11-32). Jesus estava falando para pais de família, gente que sabia bem como educar os filhos. Como é que aquele autêntico malfeitor, que sai de casa e desbarata todos os bens, quando chega, é tratado como um filho de rei! A ciência de Deus é o perdão. O filho ainda está longe e o pai sai-lhe correndo ao encontro. Adianta-se. Interrompe o discurso justificativo do filho que colocava a hipótese de deixar de o ser e de passar à condição de escravo. Mas o pai "cobre-o de beijos", isto é, torna-o todo amável, e assegura-o disso: "Trazei depressa a melhor túnica e vesti-lha; dai-lhe um anel para o dedo e sandálias para os pés. Trazei o vitelo gordo e matai-o; vamos fazer um banquete e alegrar-nos, porque este meu filho estava morto e reviveu, estava perdido e foi encontrado" (cf. Lc 15,22-24). Nós não saberemos o que é isso se não

sentirmos, de uma forma real e incondicional, que Deus o repete conosco.

Perante as marcas do desamor em nós, os arranhões da ofensa, as rupturas do sofrimento, só um excesso de amor (e o perdão é isso, um excesso de amor) pode restabelecer a unidade da imagem e semelhança de Deus em nós. Só o excesso de Amor permite compreender o perdão. O perdão imprevisível, o perdão sem condições nem medida, o perdão capaz de nos fazer levantar.

O *Pai-Nosso* é a grande escola do perdão. Ao rezá-lo, deparamo-nos sempre com o convite para mergulhar no Mistério do Perdão de Deus, num mar incalculável de Amor.

11

Uma decisão unilateral de amor

"... assim como nós perdoamos a quem nos tem ofendido,..."

O paralelo que este verso do *Pai-Nosso* estabelece com o anterior não é em termos de uma relação mercantil: se Deus nos der o perdão que pedimos, então o daremos também aos outros. Isso seria uma espécie de troca: só damos se Deus nos der. Existe, de fato, um paralelismo entre esta estrofe do *Pai-Nosso* e a anterior. Mas no sentido de verificarmos que é Deus a fonte e o mestre do perdão, e é à sua imagem e semelhança que aprendemos a perdoar.

O perdão não é uma expressão espontânea da nossa natureza. A afirmação "nós perdoamos" tem a ver com a circulação de Deus em nós. Tem a ver com o dom da filiação divina. Diz o místico alemão Angelus Silesius:

> O que é Deus, não o sabemos. Ele não é nem luz nem espírito, nem verdade, nem unidade, nem o que chamamos divindade, nem sabedoria, nem razão, nem amor, nem bondade, nem coisa, nem inexistência tampouco, nem essência ou afeto. Ele é o que nem eu, nem tu, nem criatura alguma jamais experimentam, senão tornando-se o que ele é.

O que é Deus, nós não sabemos. Ele é um mistério que o nosso conhecimento não destapa. O que dizemos acerca de Deus são sempre aproximações. Porque, verdadeiramente, só sabemos o que Deus é tornando-nos naquilo que Deus é. Ora, o perdão é um dos lugares por excelência, onde experimentamos aquilo que Deus é.

O que o perdão não é

Talvez seja útil começar por elencar o que o perdão não é.

O perdão não é desculpar. A desculpa é uma coisa, o perdão outra. A desculpa é uma coisa racional; é olharmos para uma pessoa que nos ofendeu e tentar compreender as razões e as condicionantes que ela tinha. Assim, mesmo num caso de violência extrema, o gesto do ofensor pode ser como que atenuado (teve problemas graves na infância, não lhe foram dadas possibilidades que outros tiveram, sofre o abandono e falta de um contexto estável e protetor...). Isso é uma desculpa. É a procura racional das razões que, de certa maneira, podem iluminar o ato de ofensa. Mas ainda não é o perdão. Podemos e devemos desculpar os outros, mas devemos saber também que o perdão é outra coisa.

Da mesma forma, o perdão não é o esquecimento. Muitas vezes confundimos as duas coisas e dizemos: "Ah, não consigo esquecer", como se isso significasse necessariamente, "não consigo perdoar". Não: uma coisa é o perdão, outra o esquecimento. Até porque há fatos impossíveis de esquecer. Tal não depende, em absoluto, de alguma coisa que possamos fazer. Há ofensas que deixam marcas tão inalteráveis que não conseguimos esquecer, ainda que quiséssemos. E se as esquecemos em termos do consciente, elas perduram no inconsciente, e dão-se a ver em gestos, em reações que são resultado disso. A questão deve, antes, colocar-se assim: "Consigo perdoar uma ofensa que nunca mais vou esquecer?". E a resposta, por inconcebível que possa parecer (de fato, provém de uma revelação que não foram a carne e o sangue a fazer), é: "Sim, consigo perdoar". Exatamente porque o perdão é uma coisa diferente do esquecimento ou da memória.

O perdão também não é fazer justiça. Há situações em que perante a Justiça não há outra solução senão a condenação. É assim, todos sabemos. Mas a solução do perdão é outra. Por isso aquela imagem dos condenados que recebem a visita do padre que lhes dá o perdão. Eles vão morrer por causa de uma interpretação da justiça, mas o perdão poderá ter-lhes aberto, mesmo no último instante, portas de vida. O perdão não se conforma com o irremediável.

O perdão não é uma afirmação de superioridade moral. Parece que estamos sendo magnânimos e generosos, mas no fundo o que estamos fazendo? – Estamos prendendo o outro naquilo que demos: "Tu não merecias, mas eu te dei... Agora vê lá". O outro fica numa situação de inferioridade. É preciso estar alerta para não transformar o perdão numa forma de poder ou de arbitrariedade que nos fecha ainda mais.

O que é o perdão?

O perdão é aceitar não colocar o acento nem no ofendido nem no ofensor... A dialética conduz-nos a um impasse paralisante, no qual podemos viver anos e anos. O perdão desenha, pelo contrário, a figura relacional de um triângulo, introduzindo o fator Deus, a possibilidade de vivermos o amor que contemplamos em Deus. O perdão não é assunto de dois, é coisa de três. No fundo, perdoar é dizer: "É verdade que esta ofensa foi uma agressão, lesou abusivamente o meu ser, é uma coisa que não consigo desculpar completamente, que provavelmente não vou esquecer tão cedo ou nunca... mas não quero desistir de amar o Amor e afastar-me da lógica reativa da violência". Só o Amor é capaz de curar. No fundo, só tornando presente o que Deus é na minha vida, só "tornando-me naquilo que Deus é", posso transpor o bloqueio do mal. O perdão não é uma coisa que eu crio em mim. É uma coisa que eu deixo Deus fazer em mim. Deixar que Deus venha à minha história e que a sua lógica se faça minha.

Para conseguir perdoar eu tenho de abrir a minha relação com o outro à presença de um terceiro que é Deus. E tentar que seja, de fato, a maneira de ver de Deus aquilo que predomina. E isso me dá força para que, tendo sido vítima de uma ofensa, possa formular uma decisão unilateral de amor. O outro não ficará refém do meu perdão porque, no fundo, não estou perdoando uma pessoa concreta, ou perdoando só a ela, mas estou trazendo a vida de Deus à minha vida e à marcha do mundo. E não tenho mais de estar lembrando ao outro a sua ofensa. A única coisa que Deus nos pede é que nos lembremos do perdão.

Kierkegaard, comentando aquela passagem do Evangelho em que Jesus diz: "Vinde a mim, todos os que estais cansados e oprimidos, que eu hei de aliviar-vos. Tomai sobre vós o meu jugo e aprendei de mim, porque sou manso e humilde de coração, e encontrareis descanso para o vosso espírito. Pois o meu jugo é suave e o meu fardo é leve" (cf. Mt 11,28-30), explica que o jugo leve de Jesus é o jugo do perdão e o nosso jugo pesado é o jugo das ofensas não perdoadas.

Deus não quer que nos prendamos à memória das ofensas passadas. Por vezes, a recordação dos pecados ainda é uma tentação de permanecer no próprio pecado, nos seus círculos enigmáticos e infindos. Até o escrúpulo, levado ao extremo, pode ser uma forma desviada de permanência no que temos de purificar. A sabedoria evangélica manda sacudir bem o pó e a poeira dos sapatos.

O que o Senhor repete é: "Lembra-te do perdão!". É como perdoados e perdoadores que somos chamados a viver. O perdão é um "jugo suave". Ocupemo-nos, sim, em desenvolver as potencialidades que o perdão esconde. Mesmo se somos fruto de uma formação que acentua muito o peso do pecado, parece-me que a grande conversão é passar a sublinhar a luz do perdão de Deus na nossa vida.

Há aquela história dos dois monges que, ao começarem a travessia de um riacho, encontram uma mulher que lhes pede que, um deles, a carregue às costas. Era um pedido de todo inesperado e que contrariava a regra deles. Mas o mais novo se inclinou e levou a mulher à outra margem. A mulher agradeceu muito e os monges partiram para o seu destino. O monge mais velho, porém, passou todo o caminho a recriminar o mais novo: "Que loucura!", "O que foste fazer!", "Sabes a nossa regra...". Até que este, não podendo mais suportar, respondeu-lhe: "Olha que eu transportei a mulher entre as margens do riacho e deixei-a. Tu, porém, transportaste-a até aqui".

Partir da nossa condição de perdoados... Não há dúvida que compreender isto é colocar-se na escola do Evangelho. Quando vivemos no perdão, começamos verdadeiramente a fazer caminho no conhecimento de Deus e no seguimento de Jesus. Não de forma abstrata, mas concreta e assumida. O perdão abre portas dentro de nós. Então desistimos de carregar os pesos de ontem para descobrirmos as asas do hoje.

Há histórias que nos transmitem, melhor que um armário de conceitos, a força reparadora que buscamos. Aqui ficam três.

A primeira é contada pelo escritor judeu, Prêmio Nobel da Paz, Elie Wiesel. Na infância esteve prisioneiro em Auschwitz, na companhia dos pais, irmãos, amigos. Praticamente só ele sobreviveu. Podemos imaginar até que ponto se sentia espoliado. A partir de 1945, quando a guerra acaba, passa anos em que o único objetivo de vida era procurar uma impossível justiça para o irreparável. "Como foi possível tamanho horror?... Como foi possível!". E a sua vida era isso. Cada dia adormecia e acordava num inferno. Não conseguia encontrar a sua alma. Até que foi falar com um rabino. E o rabino disse-lhe: "Meu filho, enquanto tu não perdoares, continuarás prisioneiro em Auschwitz". E essa palavra redimensionou o seu coração para sempre.

A segunda não é propriamente uma história. É uma oração, uma das mais belas orações que conheço, e que foi encontrada entre os escassos pertences de um judeu, morto precisamente num campo de concentração. Diz o seguinte:

> Senhor, quando vieres na tua glória, não te lembres somente dos homens de boa vontade; lembra-te também dos homens de má vontade. E, no dia do Julgamento, não te lembres apenas das crueldades e violências que eles praticaram: lembra-te também dos frutos que produzimos por causa daquilo que eles nos fizeram. Lembra-te da paciência, da coragem, da confraternização, da humildade, da grandeza de alma e da fidelidade que os nossos carrascos acabaram por despertar em cada um de nós. Permite então, Senhor, que os frutos em nós despertados possam servir também para salvar esses homens.

A terceira história é esta:

Uma mulher vai a uma confeitaria de um centro comercial encomendar um bolo para o aniversário do filho. Como qualquer um de nós faria, deixa lá o seu nome e um contato telefônico. Só que, exatamente na manhã do aniversário, o pequeno é atingido por um automóvel, entra em coma e morre. O confeiteiro não faz ideia do que se passa. Sabe apenas que aquela mulher encomendou um bolo que não veio buscar. Começa a persegui-la nos dias seguintes com chamadas anônimas. A mulher, por um acaso, descobre que é ele o autor dos telefonemas e, em pleno trauma pela morte do filho, decide ir com o marido ao centro comercial dar-lhe uma lição. No primeiro momento do encontro, só se vê, de fato, o confronto da ira dela com o ressentimento do confeiteiro. Mas, quando Ann diz o que ele não sabe, a fúria descongestiona-se, dando lugar a outra coisa.

— Deixem-me dizer-lhes a pena que sinto – disse o confeiteiro, pondo os cotovelos sobre a mesa. — Só Deus sabe quanto lamento. Ouçam, eu sou apenas um confeiteiro. Não pretendo ser outra coisa... Isso não vai justificar aquilo que fiz, eu sei. Mas sinto profundamente... Têm de compreender que tudo se resume ao fato de eu já não saber como atuar. Por favor, deixem-me perguntar-lhes se posso encontrar perdão nos seus corações.

Fazia calor na pequena confeitaria. Ann e o marido tiraram os casacos. O confeiteiro colocou umas xícaras sobre a mesa. Eles se sentaram. E, muito embora estivessem cansados e angustiados, começaram a ouvir o que aquele homem tinha para dizer.

— Provavelmente, precisam comer alguma coisa – disse o confeiteiro. — Espero que comam uns pãezinhos quentes, feitos por mim. Têm de comer e enfrentar a situação. Comer dá um certo conforto numa ocasião como esta – disse ele.

Continuavam a escutá-lo. Comiam agora, devagar, um pão escuro e perfumado que o homem lhes abriu, e sentiam com surpresa o seu gosto retemperador e delicado. Pela madrugada dentro, deixaram-se ali a conversar. As luzes fluorescentes do estabelecimento foram substituídas pela luz da manhã, que começou a escorrer pelas janelas.

Gosto muito desse conto de Raymond Carver. Diz tanto em tão pouco. As palavras criam um clima de acolhimento e escuta. O alimento (nem por acaso se trata do pão) consola, enxuga as lágrimas. Dentro das personagens acontece uma espécie de ressurreição. O perdão abre-nos, efetivamente, à compreensão do mistério pascal.

12

A quarta tentação
"... e não nos deixeis cair em tentação,..."

Santa Teresa de Ávila, numa daquelas suas saídas bem temperadas de humor, diz que é uma ingenuidade supor que "as almas às quais Nosso Senhor se comunica, de uma maneira que se julgaria privilegiada, estejam, contudo, asseguradas nisso de tal modo que nunca mais tenham necessidade de temer ou de chorar os seus pecados". De fato, somos chamados a viver o dom de Deus, até o fim, na fragilidade, na fraqueza, na confiança e na tentação. Podem variar de gênero os problemas que vivemos, ou de frequência, ou de intensidade, mas acompanhar-nos-ão sempre. As tentações vão existir sempre. O que muda, num processo de maturação humana e espiritual, é a nossa maneira de acolhê-las. É pelo discernimento da natureza das tentações que compreendemos, muitas vezes, a nossa singularidade e diversidade, o real impacto da vida em nós, a nossa realidade submersa e os seus ilegíveis vestígios. A tentação humaniza-nos. É uma via. São Paulo bem rezou três vezes ao Senhor para que afastasse o espinho da sua carne (cf. 2Cor 12,8). Mas em vão. A resposta foi: "Basta-te a minha graça, porque a força manifesta-se na fraqueza" (cf. 2Cor 12,9).

Mestre Eckhart explica o "grande proveito e utilidade" das tentações: fazendo-nos travar um interminável combate, fazendo-nos passar à resistência vigilante, mesmo se nos humilham, elas nos mantêm centrados em Deus.

É isso mesmo: o sonho da perfeição pode ainda ser um caminho que trilhamos pela superfície ou constituir uma ilusão que nos impede de aceder ao verdadeiro e paradoxal estado da vida. Levamos tanto tempo até perder a mania das coisas perfeitas, isentas da trepidação do real, e nos curarmos desse impulso que nos exila no conforto das idealizações, ou vencermos o vício de sobrepor à realidade um cortejo de falsas imagens! Thomas Merton escreve, de forma emocionada, alguma coisa que nos devia fazer parar:

> O Cristo que nós descobrimos realmente em nós mesmos distingue-se daquele que nos esforçamos, em vão, por admirar e idolatrar em nós. Bem pelo contrário: Ele quis identificar-se com aquilo que nós não amamos em nós próprios, porque ele tomou sobre si a nossa miséria e o nosso sofrimento, a nossa pobreza e os nossos pecados... Jamais

encontraremos paz se dermos ouvidos à cegueira que nos diz que o conflito está superado. Só teremos paz se formos capazes de escutar e abraçar a dança contraditória que agita o nosso sangue... É aí que se escutam melhor os ecos da vitória do Ressuscitado.

São Paulo compreendeu-o, porque responde: "De bom grado, portanto, prefiro gloriar-me nas minhas fraquezas, para que habite em mim a força de Cristo. Por isso me comprazo nas fraquezas, nas afrontas, nas necessidades, nas perseguições e nas angústias, por Cristo. Pois quando sou fraco, então é que sou forte" (cf. 2Cor 12,9-10). Paulo testemunha a Fé como uma hipótese paradoxal: quando sou fraco, então é que sou forte. A Fé resiste e matura nas necessidades, nas angústias, nas afrontas, nos sofrimentos, isto é, no interior de uma existência assaltada pela tentação. Não se trata de escamotear ou de superar essa experiência: é no interior dessa experiência que eu sou forte. É um paradoxo, claro. Mas é aí que a própria experiência espiritual se realiza.

O grande obstáculo a uma vida de Deus não é a fragiliade e a fraqueza, mas a dureza e a rigidez. Não é a vulnerabilidade e a humilhação, mas o seu contrário: o orgulho, a autossuficiência, a autojustificação, o isolamento, a violência, o delírio de poder. Diz um poema de Lao Tsé: "Os homens quando nascem são tenros e frágeis. A morte torna-os duros e rijos. As ervas e as árvores quando nascem são tenras e frágeis. A morte torna-as esquálidas e ressequidas. O duro e o rígido conduzem à morte. O fraco e o flexível conduzem à vida". A força de que verdadeiramente precisamos, a graça de que necessitamos, não é nossa, mas de Cristo. E ele nos dá o exemplo do que é abraçar inteiramente a humanidade no seu dramatismo, já que foi "nas suas feridas que encontramos a cura" (cf. Is 53,5).

As três primeiras tentações

É interessante constatar que o texto do *Pai-Nosso* mantém um evidente (e misterioso) efeito de espelho com outra passagem evangélica, a das tentações de Jesus. O *Pai-Nosso* é uma resposta, tão literal quanto esperançada, a esse episódio. Retomemo-lo:

> Então o Espírito conduziu Jesus ao deserto, a fim de ser tentado pelo diabo. Jejuou durante quarenta dias e quarenta noites e, por fim, teve fome. O tentador aproximou-se e disse-lhe: "Se Tu és o Filho de Deus, ordena que estas pedras se convertam em pães". Respondeu-lhe Jesus: "Está escrito: 'Nem só de pão vive o homem, mas de toda a palavra que sai da boca de Deus'". Então o diabo conduziu-o à Cidade Santa e, colocando-o sobre o pináculo do templo, disse-lhe: "Se Tu és o Filho de Deus, lança-te daqui abaixo, pois está escrito: 'Dará a teu respeito ordens aos seus anjos; eles suster-te-ão nas suas mãos para que os teus pés não se firam nalguma pedra'". Disse-lhe Jesus: "Também está escrito: 'Não tentarás o Senhor teu Deus!'". Em seguida, o diabo conduziu-o a um monte muito alto e, mostrando-lhe todos os reinos do mundo com a sua glória, disse-lhe: "Tudo isto te darei se, prostrado, me adorares". Respondeu-lhe Jesus: "Vai-te, Satanás, pois está escrito: 'Ao Senhor teu Deus adorarás e só a ele prestarás culto'". Então o diabo deixou-o, e chegaram os anjos e serviram-no (cf. Mt 4,1-11).

Essas tentações de Jesus não aconteceram num dia só. Ocorreram, certamente, ao longo de sua vida toda. Imagine-se as vozes, as pressões em conflito, os sinais de sentido contrário, os dilemas, o peso das expectativas que se terão abatido sobre Jesus. Essas três grandes formulações resumem o que Jesus foi sofrendo e ao mesmo tempo sinalizam íntimas turbulências que são comuns à condição humana.

Aqui o simbolismo é importante, a começar pelo número de dias do retiro de Jesus: quarenta dias que correspondem aos quarenta anos que o Povo de Deus caminhou no deserto. Só que, enquanto o povo da antiga Aliança não foi capaz de dar uma resposta inteiramente positiva ao dom de Deus, Jesus deu um sim verdadeiro, um sim total ao Pai. Enquanto os nossos pais, no deserto, mesmo perante os dons de Deus, o estavam sempre negando, afundados na sua falta de confiança, Jesus vai viver numa relação sincera, total, doada, entregue. E este é o segredo da vida de Jesus. Por isso, ele é a primícia de um povo novo, princípio de uma história recriada. De fato, Jesus em nada se isentou em relação à nossa humanidade, mas assumiu-a radicalmente, na sua contradição, no seu paroxismo, no seu limite. "Ele, que era de condição divina, não se agarrou à forma de Deus, mas esvaziou-se a si mesmo, tornando-se igual aos homens" (cf. Fl 2,6-7).

As três tentações de Jesus são representativas de todas aquelas que nos rodeiam e sitiam:

- *A tentação do materialismo:* alimentar-se unicamente do material, fazer disso a finalidade da existência, esquecendo a vocação transcendente do ser humano. Idolatrar a matéria, e nessa vertigem substituir o próprio Deus.

- *A tentação do providencialismo:* o que aqui temos é o esquecimento da vocação humana, o alienar da nossa responsabilidade pela história, confundindo a relação de Deus com um providencialismo fantasioso e mágico. Não nos podemos atirar de pináculos para que Deus nos segure. Temos de integrar saudavelmente os nossos limites e fazer a nossa parte.

- *A tentação do absolutismo:* tornar o nosso poder um ídolo, qualquer que ele seja. Fazer do domínio e da posse a fonte de felicidade. Resumir aí o horizonte de significação da vida. Perder o sentido da adoração, isto é, a experiência de abertura humilde ao que é maior do que nós, ao infinito de Deus.

Jesus não caiu em tentação porque tinha, de fato, uma densidade de relação com o Pai. Vivia, a cada instante, na órbita de Deus. Vivia de ser Filho. A cada momento, a cada gesto, a cada atitude, a cada escolha... Deus era Deus nele. A fidelidade ao Pai permite-lhe, por isso, reinventar a nossa humanidade tantas vezes bloqueada precisamente nessas tentações.

A quarta tentação

"Quem sois? Esperava três visitantes e não quatro." É com uma surpresa assim que o Arcebispo mártir Tomás Becket recebe a visita do "quarto tentador" na conhecida peça de teatro de T. S. Eliot, *Crime na catedral*. Tomás Becket, que era de origem humilde, conseguiu elevar-se, pela sua inteligência e coragem, a um alto destino. Contava com a amizade e a confiança do monarca Henrique II, que o fez chanceler do Reino. Tudo mudou, porém, quando o rei, que esperava por meio dele controlar a Igreja, o nomeou Arcebispo de Cantuária. Desencadeou-se em pouco tempo um inconciliável conflito entre poder espiritual e poder temporal. Perseguido, viu-se Tomás obrigado a exilar-se na França, com a proteção do papa. Mas, passados sete anos, decide regressar para junto dos seus cristãos. A peça de Eliot tem início com a chegada do Arcebispo na Catedral de Cantuária. Ele quer ocupar o seu lugar de pastor, mas sem abdicar da sua liberdade espiritual. O tema de todo o primeiro ato são as lutas interiores que ele trava. Aparecem-lhe três tentadores e um quarto, inesperado e mais terrível que os outros, pois este tenta mostrar-lhe que os seus desejos de fidelidade não passam, afinal, de orgulho e vaidade mascarados. Tomás exclama:

> Quem és tu, que me tentas com os meus próprios desejos? Outros vieram, temporais tentadores, oferecendo o poderio e o prazer por um preço palpável. Tu, que me ofereces? Tu, que me pedes? [...] Os outros me ofereceram bens tangíveis; sem valor, mas tangíveis. Vós ofereceis somente sonhos de perdição. [...] Não há, então, caminho na agonia de minha alma que não conduza à danação pelo orgulho?

Como dizia Simone Weil, a pior das tentações, "a única provação para o homem é ser abandonado a si mesmo no contato com o mal. O nada do homem é, então, verificado experimentalmente". A quarta tentação é, por isso, a que mina radicalmente a confiança. É o assalto aos alicerces, a implosão pelo niilismo e descrença. Nada vale. Em nada podemos confiar. Não podemos colocar o coração naquilo que nos move, mesmo quando sinceramente nos movemos em busca de Deus. "E será que podemos confiar em Deus?", segreda-nos o tentador.

Uma das paráfrases ao *Pai-Nosso* mais impressionantes, de toda a literatura, é aquela que o empregado de um bar faz no conto de Ernest Hemingway intitulado *Um lugar limpo e bem iluminado*. O bar é um daqueles que fecham madrugada fora, e este tem dois empregados. Enquanto um, praticamente, enxota os clientes para ir para casa, nem que seja uns minutos mais cedo, o outro nunca tem pressa. E confessa: "Nunca tive confiança e já não sou jovem. [...] Sou daqueles que gostam de deixar-se ficar até tarde no café... na companhia dos que não têm nenhuma vontade de voltar a casa... na companhia daqueles que precisam de luz para a sua noite". E, enquanto dá uma última arrumação no balcão, murmura:

> Nada nosso que estais no nada
> Nada seja o teu nome
> Nada o teu reino
> Nada a tua vontade
> Assim no nada como no nada
> Dá-nos este nada como pão de cada dia
> E não nos dês nada
> Como também a ninguém damos nada
> E não nos deixes no nada de nada
> mas livra-nos do nada.

"Meu Deus, meu Deus, porque me abandonaste?" Jesus afronta não apenas o silêncio dos homens, mas também o aparente e inexpugnável silêncio de Deus. A cruz desconcerta como uma aporia intransigente. Somos chamados a contemplar o mistério de Deus e o do Homem, no mais devastador dos silêncios que o mundo conheceu. Com a sua morte, Jesus desceu para abraçar todos os silêncios, mesmo aqueles abissais, mesmo aqueles longínquos, para dizer a vida como possibilidade de infinito. Ele abraçou este tempo amassado entre derrotas e esperanças, entre tentações, naufrágios e recomeços que é o da nossa existência. Ele abraçou o silêncio dos nossos impasses, daquilo que em nós ou de nós é omitido; o silêncio desta sôfrega indefinição que somos, entre já e ainda não.

"Meu Deus, meu Deus, porque me abandonaste?" (ou "Meu Deus, meu Deus a que me abandonaste?", como preferem algumas traduções recentes). Mas mesmo aqui as palavras de Jesus não deixam de ter um destinatário claríssimo, o próprio Deus. E o modo como Jesus o evoca, chamando-o "Pai" e "Meu Deus", confere ao diálogo uma densíssima intimidade orante, faz dele o sussurrar de uma inquebrantada confiança. E, como escreve ainda a filósofa Simone Weil: "Só a confiança dá suficiente força para que o receio não seja uma causa de queda".

"*Não nos deixeis cair em tentação.*" *Rezemos devagar essas palavras, até elas se tornarem realmente nossas. Não me deixes, Senhor. Não me deixes, quando as paredes do tempo se tornam instáveis, e as palavras de hoje têm ainda a dureza do irremediável de ontem. Não me deixes quando recuo, quando quase me inclino, dobrado e vencido perante o avanço inflexível daquilo que me divide. Não me deixes atravessar sozinho os baços e alagados corredores da incerteza, ou perder-me no sentimento de fadiga e descrença. Não deixes que a dispersão do tempo tudo devore. Não me deixes tombar no descrédito quanto à vida.* "*Não nos deixeis cair em tentação.*"

13

A ferida é fecunda
"... mas livrai-nos do mal."

Ao proferir o *Pai-Nosso*, percebe-se que Jesus tem a intenção de formular um modelo. Ele não diz apenas como reza, mas ensina os discípulos a rezar. Constrói uma espécie de paradigma da oração cristã.

Ora, olhando para essa prece, percebemos que a argumentação está ausente dela. No *Pai-Nosso* não se argumenta, mas tudo se concentra em torno do Pai. O sintagma vocativo que abre a oração, "Pai nosso", torna-se claramente a palavra-chave. É verdade que depois se fala da Vontade do Pai, do Nome do Pai, do Reino do Pai, mas é sempre em torno da descoberta do Pai que somos colocados. Podemos dizer que, mais do que pedir por esta necessidade ou pela satisfação daquela carência, o *Pai-Nosso* pede ao Pai que seja Pai. O destinatário da oração, aquele a quem nos dirigimos, emerge como objeto da própria súplica.

Outro aspecto importante é que a primeira palavra é "Pai" e a última é "Mal". O próprio desenho retórico da oração diz-nos alguma coisa sobre o Mal. Se ele é o que surge no extremo da distância do Pai, na frase mais remota, então o Mal, de certa forma, é o anti-Pai. É aquilo que mais se opõe ao Pai.

No último verso do *Pai-Nosso* dizemos: "mas livrai-nos do mal". Ao enunciarmos assim, assumimos que o risco do confronto com o Mal é uma efetiva possibilidade. Mas, ao mesmo tempo, pedimos para não nos enganarmos no Pai, para sabermos escolher a cada momento o Pai e não as contrafações que se tentam substituir à sua figura fundamental e estruturante.

Verbalizar uma prece acerca do Mal é já uma vitória, pois, não raro, ele nos aparece sob a forma de aporia, de lugar onde o pensamento e a linguagem entram em colapso. Recordo um texto da narradora italiana Natalia Ginzburg intitulado "Filho do Homem":

> Há qualquer coisa que não se cura e passarão muitos anos e nunca nos curaremos. Talvez voltemos a ter de novo uma lâmpada, um candeeiro sobre a mesa e uma jarra com flores junto ao retrato dos que amamos, mas já não acreditamos em nenhuma dessas coisas, porque tivemos de as abandonar abruptamente ou tivemos de procurá-las inutilmente entre ruínas, debaixo de cinzas.

E acrescenta: "Não há paz para o Filho do Homem, diz o Evangelho. As raposas têm as suas tocas, mas o Filho do Homem não tem onde repousar a cabeça". De fato, a nossa geração é uma geração de homens e mulheres que, em face da questão do Mal, não têm onde repousar o coração.

Uma gota de chuva caindo no mar

No interior do Judaísmo e da reflexão cristã, temos a afirmação inequívoca de Deus como o Criador. Todas as tentativas, e foram muitas, de identificar dois princípios concorrentes na ordem da criação, o Bem e o Mal, Deus e o demônio, acabaram sendo recusadas. Claramente, Deus e só Deus é o Criador. E claramente também, a criação de Deus é uma obra boa. Isso nos aparece referido, como um refrão, ao longo da narrativa do primeiro capítulo do Gênesis: "Deus viu que era bom"; ou, então, na tradução dos LXX, "Deus viu que era belo". E não só aí. No Livro da Sabedoria (cf. 11,24-26), muito mais próximo do Novo Testamento, podemos ler:

> Tu amas tudo quanto existe e não detestas nada do que fizeste; pois, se odiasses alguma coisa, não a terias criado. E como subsistiria uma coisa se tu a não quisesses? Ou como se conservaria se não tivesse sido chamada por ti? Mas tu poupas a todos, porque todos são teus, ó Senhor que amas a vida!

No pensamento que a tradição bíblica constrói sobre a criação, Deus é Criador, a criação é boa e Deus ama a vida criada. E não se podem identificar com o Mal as características principais da vida querida por Deus: a condição criatural e a finitude.

Não podemos interpretar corretamente o famoso capítulo 3 do Livro do Gênesis, sem atender a um mar de sutilezas:

A serpente era o mais astuto de todos os animais selvagens que o Senhor Deus fizera; e disse à mulher: "É verdade ter-vos Deus proibido comer o fruto de alguma árvore do jardim?'". A mulher respondeu-lhe: "Podemos comer o fruto das árvores do jardim; mas, quanto ao fruto da árvore que está no meio do jardim, Deus disse: 'Nunca o deveis comer, nem sequer tocar nele, pois, se o fizerdes, morrereis'". A serpente retorquiu à mulher. "Não, não morrereis; porque Deus sabe que, no dia em que o comerdes, abrir-se-ão os vossos olhos e sereis como deus, ficareis a conhecer o bem e o mal". Vendo a mulher que o fruto da árvore devia ser bom para comer, pois era de atraente aspecto e precioso para esclarecer a inteligência, agarrou do fruto, comeu, deu dele também a seu marido, que estava junto dela, e ele também comeu. Então, abriram-se os olhos aos dois e, reconhecendo que estavam nus, coseram folhas de figueira umas às outras e colocaram-nas como se fossem cinturas, à volta dos rins (cf. Gn 3,1-7).

Quando acompanhamos o processo de consciência da mulher, vemos que ela é, no fundo, atraída pelo bem. "Vendo a mulher que o fruto da árvore devia ser bom para comer, pois era de atraente aspecto e precioso para esclarecer a inteligência, agarrou do fruto, comeu, deu dele também a seu marido, que estava junto dela, e ele também comeu." Se não pensasse que o fruto era bom, não o teria comido nem partilhado com o companheiro. Qual é o drama dessa história? É o fato de o Mal aparecer confinado ao bem, estar tão próximo dele. Estamos perante a árvore do Bem *e* do Mal. O homem funciona mais estavelmente no nível das oposições, ou o Bem ou o Mal, mas essa estranha árvore mitológica reúne em si ambas as polaridades. As mesmas que nos habitam.

Há um rabino, comentador da Cabala, Soloviel, que afirma: "As duas vozes, a de Deus, que não devemos nomear, e a voz do Mal, do Mal inominável, são terrivelmente semelhantes. A diferença entre uma e outra é apenas o som de uma gota de chuva a cair no mar". A mulher é atraída por um bem, mas por um bem demasiado limitado, que ela destaca do horizonte do bem absoluto, do bem maior. É um bem para ela, mas torna-se trágica a comparação com a afirmação "Deus viu que era bom". Deus vê a bondade das coisas em si mesmas, a mulher avalia essa bondade em função dela própria. Viu um bem demasiado parcial que, autonomizando-se do bem mais global, torna-se a causa da experiência do próprio Mal, da própria transgressão. Há uma gota de chuva apenas entre a procura do Bem que essa mulher faz e a experiência do Mal em que ela cai. Mas essa ínfima gota pode ganhar proporções oceânicas!

Mas tu podes dominar o mal

Na história dramática de Caim e Abel é-nos dito que o projeto ético, o projeto fraterno, não é uma imposição do sangue, pois o sangue pode voltar-se contra o seu próprio sangue. Os irmãos podem até matar-se. Mas a fraternidade continua a ser uma decisão e um projeto ao alcance do homem. Este não está condenado ao Mal.

É curioso o diálogo que Deus tem com Caim, no capítulo 4 do Livro do Gênesis:

> Ao fim de algum tempo, Caim apresentou ao Senhor uma oferta dos frutos da terra. Por seu lado, Abel ofereceu pri-

mogênitos do seu rebanho e as suas gorduras. O Senhor olhou com agrado para Abel e para a sua oferta, mas não olhou com agrado para Caim nem para a sua oferta. Caim ficou muito irritado e o rosto transtornou-se. O Senhor disse a Caim: "Porque estás zangado e de rosto abatido? Se procederes bem, certamente voltarás a erguer o rosto, se procederes mal, o pecado deitar-se-á à tua porta e andará a espreitar-te. Cuidado, pois ele tem muita inclinação para ti, mas tu deves/podes (*timshel*) dominá-lo" (cf, v. 3-7).

O belíssimo romance de John Steinbeck *A leste do Éden*, pega nesta palavra que Deus dirige a Caim: *timshel*, tu deves/podes. O final da primeira parte do romance desenvolve uma pesquisa talmúdica sobre o sentido dessa expressão. O verbo hebraico *timshel* é traduzido nas Bíblias mais correntes por "tu deves", mas John Steinbeck, partindo da argumentação rabínica, propõe que se leia "tu podes". E desenvolve essa ideia em algumas páginas extraordinárias. Ao homem em confronto com o Mal, transtornado a ponto de eliminar o próprio irmão, Deus não diz: "Vou retirar-te a liberdade, vou condicionar-te para que isso não mais aconteça". Antes afirma: "Mas tu podes vencer o Mal".

O Bem e o Mal não são uma inevitabilidade, mas constituem decisões éticas. Não somos colocados perante uma moral codificada, mas no interior dinâmico de uma moral narrativa. E perguntamo-nos: "Como pode o desgostado Caim não matar Abel se lhe dedica uma inveja mortífera, se sente o despeito, se todos os seus direitos de filho mais velho acabam por ser relativizados por uma preferência aparentemente caprichosa de Deus?". Tudo lhe dá razão, é verdade, mas a razão de Caim não constitui um direito de eliminar o irmão, porque Deus lhe diz uma palavra inesperada: "Tu podes (*timshel*) dominar o mal".

Do Mal retirar um bem

No Livro do Gênesis temos ainda uma saga, um ciclo de pequenas histórias costuradas em torno de uma personagem, José do Egito. José oferece-nos um testemunho eloquente da construção ética, como caminho de resistência ao próprio Mal. José, que tinha sido abandonado num poço pelos seus irmãos e depois vendido aos madianitas, por quem foi levado para o Egito. Após uma vida atribulada, vê-se elevado ao posto de lugar-tenente do faraó. Quando se dá o reencontro com os irmãos, os mesmos que o quiseram eliminar, é ele quem os vai socorrer, pois está em posição de lhes dar vida. A conclusão do ciclo de José é esclarecedora: "Premeditastes contra mim o mal. Mas Deus aproveitou-o para um bem, a fim de que acontecesse o que hoje aconteceu, e um povo numeroso fosse salvo" (cf. Gn 50,20).

Nesse enunciado breve está contido todo um programa. Sem desmentir o Mal, abre-se, contudo, a possibilidade da emergência do Bem. A luta contra o Mal é possível, e ela passa pela afirmação última e inesperada do plano divino. Quando tudo parecia dominado pelo mal, num círculo devastador e irreparável, José escolhe afirmar o amor e o perdão.

Como é que o Mal deixa de ser o irreparável? Quando alcançamos uma exterioridade (uma transcendência) e transformamos a situação de Mal na oportunidade para um acontecimento doutra ordem. Para uma teofania de amor.

Apetece evocar aqui uma página do impressionante *Diário* de Etty Hillesum, um dos grandes testamentos espirituais do nosso tempo:

> Como é possível que essa extensão de urzal cercada por arame farpado – onde tantos destino e sofrimento huma-

nos chegam e partem – permaneça uma recordação quase carinhosa na minha memória? Por que motivo o meu espírito não se obscureceu lá, mas antes, pelo contrário, ficou mais claro e lúcido? [...] Foi lá, entre as barracas, repletas de gente agitada e perseguida, que achei a confirmação para o meu amor pela vida. [...] Como é que alguma vez vou conseguir descrever isso tudo? Descrever de modo que outros também consigam sentir como, na realidade, a vida é bela, digna de ser vivida e justa, sim, justa. Talvez Deus me dê um dia as tais palavras simples!

Não é por acaso que grande parte das figuras da Bíblia e da tradição cristã (pensemos na biografia de tantos santos) são figuras da eminência, não completamente coincidentes com o presente: habitam o tempo e a desconstrução do tempo, a espera e a emergência do novo. Nesse sentido são figuras-limiar. A convicção cristã está, de fato, deste lado: trabalha infatigavelmente a possibilidade da Esperança. Acredita que a transformação, no Espírito, pode acontecer, vai acontecer, está prometida, está iminente, e nós habitamos já esse fio de fogo, esse umbral.

Abrir o olhar

Perante o Mal há muitas coisas que desconhecemos, para as quais não temos uma explicação, nem ninguém a pode dar. Mas será que para o Bem temos respostas? Não é ele também um enigma, e um enigma ainda maior? Tome-se o *Livro de Jó*. Há aquele momento central em que Deus o manda apertar o cinto e pôr-se de pé, porque vai interrogá-lo. É, de fato, uma ocasião fantástica: Jó está cheio de razões, num protesto aparentemente justíssimo contra Deus, e agora ouve: "Cinge os teus rins como um homem; vou interrogar-te e tu me responderás" (cf. Jó 40,7). E Deus lhe diz uma coisa de todo inesperada: "Vê o hipopótamo que criei como a ti [...] Os seus ossos são como tubos de bronze, a sua estrutura é semelhante a pranchas de ferro. É a obra-prima de Deus" (cf. Jó 40,15.18-19).

É uma pedagogia que Deus inaugura. Ao mandar Jó olhar para o hipopótamo, Deus abre o seu olhar (o nosso olhar), escancara-o a tudo o que é grande e imenso, a tudo o que nos escapa, mostrando-lhe que, se o Mal não tem resposta, o Bem menos ainda. A maravilhosa obra do Criador também não tem resposta. O amor e o espanto, o riso e o dia, a alegria e a dança são sem porquê. Então, por que fazemos tudo depender de uma resposta para o Mal se o Bem é igualmente um mistério, e um mistério infinitamente maior?

"Olha de frente tudo o que é grande" – é o desafio que Deus faz a Jó, o desafio que nos faz a nós. Perante isso Jó responde ao Senhor: "Falei de maravilhas que superam o meu saber... Os meus ouvidos tinham ouvido falar de ti, mas agora veem-te os meus próprios olhos, por isso me retrato" (cf. 42,1-6). Ele tinha ouvido falar de Deus, mas agora viu Deus. Viu o mistério do Criador, fixou o coração na sua grandeza, reparou de frente na imensidão. Há um silêncio que é o princípio da transformação da vida.

Nada além do amor

Por paradoxal que possa parecer, a experiência do Mal remete-nos para um amor, e um amor gratuito, sem ser por nada. A experiência do Mal como que opera uma purificação radical de todo um anseio retributivo, de todo desejo de recompensa, e escancara-nos à gratuidade de uma relação. Aprendemos, assim, a amar a Deus pelo próprio Deus, a amá-lo por aquilo que ele é, e não pelo que ele nos dá. Na admirável oração de Madre Teresa de Calcutá aprendemos a agradecer a Deus por aquilo que ele nos tira.

"... mas livrai-nos do mal." É curioso que o verbo livrar, que em grego se diz *rusein*, apareça duas vezes em Mateus: nesta passagem do *Pai-Nosso* (cf. Mt 6,13) e quando Jesus está na cruz, em plena experiência do Mal, portanto. Aí, as autoridades olham para ele e zombam: "Confiou em Deus. Ele que o *livre* agora, se é que o ama" (cf. Mt 27,43). Não deixa de ser significativo o fato de tal expressão surgir no relato Evangélico nessas duas ocasiões. É como se o mistério da cruz fosse a concretização daquilo que na oração do *Pai-Nosso* pedimos quando dizemos: "livrai-nos do mal".

Aparentemente, e apesar da sua prece, Deus não livra Jesus. Os interlocutores escarnecem dele, e podem fazê--lo, porque testemunham o silêncio de Deus. O Pai livrará o Filho (e os filhos) do Mal, mas aquele momento, aquele instante em que a zombaria foi pronunciada, é um momento misterioso, enigmático, em que a Fé parece suspensa ou vencida por um abismo de silêncio. Sabemos que da cruz se passa à experiência plena da Páscoa, travessia de Ressurreição. Mas não podemos esquecer que Jesus iniciou-nos a uma confiança no Pai, que é, sobretudo, um caminho. A aprendizagem paciente de que o nosso coração pode conjugar esperançosamente aquilo que, tantas vezes, temos por inconciliável: o grito e a prece.

Ousamos dizer...
versões do Pai-Nosso

Pai-Nosso do Breviário caldeu
(Adaptação)

>Pai nosso invisível que estás nos céus,
>seja santificado em nós o teu Nome
>porque, no teu Espírito Santo,
>Tu próprio nos santificaste.
>
>Venha a nós o teu Reino,
>Reino prometido a quantos amam teu amor.
>Tua força e benevolência repousem sobre teus servos,
>aqui em mistério e lá na tua misericórdia.
>
>Da mesa que não se esgota
>dá alimento à nossa indigência
>e concede-nos a remissão das culpas,
>Tu que conheces a nossa debilidade.
>
>Nós te pedimos:
>salva aquilo que criaste
>e livra-o do maligno que procura o que devorar.
>A ti pertencem Reino, Poder e Glória, ó Senhor.
>
>Não prives da tua bondade os Santos!

Pai-Nosso de Dante

Canto XI do Purgatório
(Adaptação)

Pai nosso que nos céus estás,
não circunscrito, mas por maior amor
e lá do alto tudo nos dás,
que todas as criaturas em digno louvor
louvem teu nome e teu valor.

Venha a nós a paz do teu Reino –
a paz, que sem ti não alcançamos.
E como os anjos que da vontade própria abdicam
ao cantar-te hosanas
assim sejamos nós.

Dá-nos hoje o maná cotidiano,
sem o qual, neste áspero deserto,
retrocede o que julga andar avante.

E como perdoamos o mal que sofremos
perdoa tu benigno, sem olhar o nosso merecimento.

A nossa virtude que tão facilmente se esboroa
não a sujeites à prova,
mas livra-nos daquilo que nos tenta dominar.

Um *Pai-Nosso* latino-americano

(Adaptação de poema de Mario Benedetti)

Pai nosso que estás nos céus,
com as andorinhas e os mísseis
quero que voltes antes que esqueças
como se chega ao sul do Rio Grande

[...]
Onde quer que estejas
santificado seja o teu Nome
não quem santifica o teu Nome
fechando os olhos para não ver
as unhas sujas da miséria

[...]
Venha a nós o teu Reino
porque o teu Reino também está aqui embaixo
enfiado nos rancores e no medo
nas vacilações e no lixo
na desilusão e na modorra
nesta ânsia de te ver custe o que custar

[...]
Tua vontade se mistura com a minha
a domina, a acende, a duplica
mais árduo é conhecer qual é minha vontade
quando creio deveras o que digo crer
assim tanto na tua onipresença
como na minha solidão

[...]
Ontem nos tiraste
dá-nos hoje
dá-nos o direito de dar-nos nosso pão
não só o que era símbolo de Algo
mas o de migalha e casca
o pão nosso

[...]
Perdoa-nos se podes nossas dívidas
mas não nos perdoes a esperança

[...]
Não nos deixes cair na tentação

[...]
Arranca-nos da alma o último mendigo
e livra-nos de todo o mal de consciência
Amém.

Sumário

Apresentação 5
Pequeno prólogo 9

1 O grito 11
Atravessamos como estranhos a nossa casa 12
Do bom uso das crises 14
Uma iniciação à vida espiritual 15
A sabedoria de se colocar à espera de nada 16
Uma arte da escuta 17

2 Deus está em Paris? 19
Rezamos porque somos uma oração 20
A originalidade de Jesus de Nazaré 22
O que é um pai? 23
Tomar a sério o *Pai-Nosso* 28

3 A evaporação do Pai 29
Purificar as imagens de pai 31
Perder-se e encontrar-se 33
Portas que estavam fechadas 35

4 Um pai que se torna nosso 39
Quando Jesus diz "Pai nosso" 40

Ele desejou que chamássemos "Pai nosso"
ao seu próprio Pai 42
Somos uma coisa só 45

5 Onde estás? 47
Um Deus que está 48
A ontologia do cotidiano 51
Deus é maior que os céus 53

6 Dar um nome sem que o indizível se perca 55
Há de ser sempre difícil falar de Deus, e isso é bom 57
Bendita escuridão 59
Só há uma infelicidade, que é a de não sermos santos 63

7 Aprender a viver do desejo de Deus 69
Transcender o Livro 71
O que é o Reino de Deus? 73
Venha a nós o vosso Reino 75

8 Trazemos por viver ainda uma infância 79
A dança interminável da criação 82
O cristão é uma hipérbole no mundo 84
Trazemos por viver ainda uma infância 87

9 É de vida partilhada que as nossas vidas
se alimentam 89
Pedir fome para os que têm pão 92
O elogio do provisório 93
Todas as vidas são pão 95

10 Deus tem fé em nós 99
   Alguém que nos olhe com esperança 101
   Deus tem fé no homem 102
   Aprendemos a perdoar no amor com que somos amados 103

11 Uma decisão unilateral de amor 107
   O que o perdão não é 108
   O que é o perdão? 110

12 A quarta tentação 117
   As três primeiras tentações 120
   A quarta tentação 122

13 A ferida é fecunda 127
   Uma gota de chuva caindo no mar 129
   Mas tu podes dominar o mal 131
   Do Mal retirar um bem 133
   Abrir o olhar 134
   Nada além do amor 135

Ousamos dizer... 137
   Pai-Nosso do Breviário caldeu 137
   Pai-Nosso de Dante – Canto XI do Purgatório 138
   Um *Pai-Nosso* latino-americano 139

Rua Dona Inácia Uchoa, 62
04110-020 – São Paulo – SP (Brasil)
Tel.: (11) 2125-3500
http://www.paulinas.com.br – editora@paulinas.com.br
Telemarketing e SAC: 0800-7010081